1915 – 1972

Aargauer Kunsthaus, Aarau

La cimenterie. 1962
97 × 130 cm
Portland-Cement-Werk Würenlingen-Siggenthal AG

Ricco um 1950
(Foto: Fredo Meyer, Bern)

PCW und Ricco

Seit 75 Jahren produzieren wir Portlandcement der Marke PFERD. Zum Jubiläum möchte ich das PFERD loben, das den Parcours erfolgreich gelaufen ist. Es wurde stets gut gehalten, den verfügbaren Mitteln entsprechend, in guten und auch schwierigen Zeiten. Entscheidend waren immer die Leute, die es geführt, gepflegt und gehegt haben. Ihnen allen sei hier gedankt. Seine Ziele hat es erreicht, indem es einem echten Bedürfnis entsprach: dem der zahllosen Kunden der PCW, den vielen Partnern im schweizerischen Baugewerbe. Ihnen gehört ein besonderer Dank. Ihre Treue ist uns Verpflichtung für die Zukunft.

Wohl den meisten Mitarbeitern, Kunden und Freunden ist es verborgen geblieben, dass dieses PFERD auch künstlerisches Schaffen ausserhalb der Cementfabrik, aber in der PCW-Familie ermöglicht hat. Der Maler RICCO war Aktionär. Dank der besonderen Förderung durch seine Mutter war ihm der Weg offen, seiner Neigung nachzugehen und rund um die Welt seinen Träumen nachzureisen. Vieles hat er uns mit nach Hause gebracht und Beständiges gezeigt von seinem Können. Wir wollen unser Jubiläum zum Anlass nehmen, Riccos Beitrag unseren Kunden, Freunden und Mitarbeitern zu vermitteln: Als einen familiären Kontrast. Für alle, die Riccos sanftes Wesen und harmonische Umgebung kannten, dürfte es eine Freude sein, zu sehen, dass sein allzu privates Werk – 16 Jahre nach seinem Tod – wieder eine öffentliche Würdigung findet. Dafür danken wir auch Herrn Beat Wismer und dem Aargauer Kunsthaus.

Franz Wassmer

Herausgegeben vom Aargauer Kunsthaus, CH-5001 Aarau

Erscheint zur Ausstellung «Ricco. 1915–1972» 15. Mai bis 26. Juni 1988

Verantwortlich für die Ausstellung: Beat Wismer
Katalogkonzept und Redaktion: Beat Wismer
Sekretariat: Yola Zasada
Gestaltung:
Lars Müller, Baden
Fotos: Jörg Müller, Aarau
Lithos: Lith-Art AG, Bern
Satz: Oberli Photosatz AG, Zürich
Druck:
BDV Basler Druck- und Verlagsanstalt, Liestal
Einband:
Buchbinderei Flügel, Basel

Gedruckt auf Biber GS matt, SK3, 170 gm$^2$

ISBN 3-905004-04-6
© 1988 by Aargauer Kunsthaus, Aarau, und Autoren

Abbildung auf dem Umschlag:
Widu Gallery. 1969
89 x 116 cm
PB Bern

Inhalt

**Der Held seiner Bilder ist ein Mensch, dessen Kinheit zu schön war**     9
Beat Wismer

**Bildteil**     43

**Widu Gallery**     128
Willy Weber

**Jean du Carrousel**     130
Harald Szeemann

**Ricco, Anker und Pfau**     132
Lilly Keller

**Die späten Jahre**     134
Max Altorfer

**Erinnerung an Ricco**     136
Michael Stettler

**Biographie**     140

**Wichtige Ausstellungen und Literatur**     142

Der Held seiner Bilder ist ein Mensch, dessen Kindheit zu schön war

Zur Malerei von Ricco

Beat Wismer

Der Name Ricco ist nur einem engen Kreis von Kunstinteressierten bekannt. Ausserhalb von Bern, wo sich der Künstler regelmässig an der jährlichen Weihnachtsausstellung beteiligte, war seinem Schaffen kaum je zu begegnen. Indes vermag die Bezeichnung «Berner Maler» für Ricco wenig auszusagen: Obwohl seine Position innerhalb der Berner Kunstszene seit den vierziger Jahren eine unbestrittene war und er sich dieser zugehörig fühlte, steht sein Werk ebenso einsam in der Berner wie in der Schweizer Kunstgeschichte. Dies gilt für jede seiner Schaffensperioden. 1955 schrieb der damalige Berner Kunsthallendirektor Arnold Rüdlinger, das zurückliegende Jahrzehnt überblickend, im Katalog zur Ausstellung «Junge Berner Künstler»: «Im Jahre 1945 zeigte die Kunsthalle eine Ausstellung junger Berner Künstler. Abgesehen von Ricco Wassmer, der von Anfang an persönliche Wege ging, bot die Ausstellung ein verhältnismässig geschlossenes Bild einer Malerei, die sich am Vorbild der schweizerischen Kunst der Zwischenkriegszeit orientierte.» Bleibt nachzutragen, dass sowohl Noldi Rüdlinger wie auch sein ebenso legendärer Nachfolger an der Kunsthalle, Harry Szeemann, den Menschen und den Maler Ricco gleicherweise schätzten.

Das frühe Werk

Die Kinderzeichnungen von Erich Wassmer verraten seine frühe Begabung. Dieses Talent so wie gewiss auch der frühe und selbstverständlich-ungezwungene Kontakt mit den zahlreichen Künstlern, die im Hause seiner Eltern verkehrten, liessen schon im Knaben den Wunsch heranreifen, Maler zu werden – ein Wunsch, dem sich die Eltern nicht widersetzten. Im Gegenteil: Seine Mutter vor allem, Tilli Wassmer-Zurlinden, die selber einem kunstsinnigen Elternhaus entstammte, dürfte ihn in seinen Plänen unterstützt haben.

Nach der Matura 1935 in Bern verbringt Erich Wassmer das Wintersemester 1935/36 in München. Er hört Vorlesungen zur Kunstgeschichte und studiert Malerei bei Julius Hüther. 1936 absolviert er die Rekrutenschule, anschliessend besucht er bis 1939 in Paris die Académie Ranson. In diesen eben umrissenen Zeitraum fällt auch der sehr bestimmte Beginn seines gültigen Schaffens: Dies zeigt das Gesamtwerk in seinem folgerichtigen Ablauf im Überblick, so sah es aber auch der Maler selber: Seit 1935 verzeichnet er seine Gemälde in einem (wenn auch unvollständigen) Œuvrekatalog, seit 1937 signiert er konsequent mit Ricco.

Als Frühwerk lässt sich recht präzis das Schaffen des ersten Jahrzehntes, also das Werk bis circa 1946 umreissen. Innerhalb dieses frühen Schaffens markiert das Jahr 1942 eine deutliche Zäsur: das Jahr, in dem Ricco einige Monate bei Cuno Amiet auf der Oschwand malte.

Kindheit und Jugend

Das Werk der Jahre bis 1942 erscheint inhaltlich und formal recht homogen. Inhaltlich dominiert die poetisch verklärte Darstellung von Themen seines Herkommens, seiner Kindheit und Jugend auf Schloss Bremgarten, wo Ricco seit seinem dritten Lebensjahr aufwuchs. Vielleicht ist dies entscheidend: dass Ricco nicht in Bremgarten geboren

Fest auf Schloss
Bremgarten. 1938
28 x 38 cm
PB Bern
(Foto: Peter Lauri, Bern)

Schloss Bremgarten
Kugelschreiber und
Tusche
19 x 14,8 cm
Mit Widmung auf der
Rückseite: «Mit auf-
richtigem Dank für Ihre
schönen Gedichte
grüsst Sie herzlich, Ihr
dankbarer Eri.
Ende August 1944.»
Zeichnung aus dem
Nachlass von Hermann
Hesse, deponiert in der
Schweizerischen
Landesbibliothek Bern.

Calendarium. 1938
3-teiliger Flügelaltar
Mittelbild: Oel
auf Karton. 55 x 40 cm
Monatsbilder je
15 x 10 cm
M. W. Goldach

wurde, sondern erst als schon realisierendes Kind staunend in diese herrliche neue Umgebung eintrat. Vielleicht wurde die offenbar so stark empfundene Atmosphäre gerade deshalb zum dominierenden Thema, weil Ricco als Kind nicht selbstverständlich in sie hineingewachsen war, sondern sie ihm damals, 1918, neu und märchenhaft vorkam.

Hermann Hesse hat die Atmosphäre auf Schloss Bremgarten in seiner «Morgenlandfahrt» poetisch umrissen (siehe dazu den Beitrag von Michael Stettler in diesem Katalog) und Ricco muss sie ähnlich poetisch empfunden haben. So geht es ihm denn auch nie um die Abbildung der architektonischen oder topographischen Situation des über der Aareschlaufe gelegenen Schlosses (wenn zwar die Bilder auch darüber Auskunft geben), sondern um die verdichtete Wiedergabe der als märchenhaft empfundenen Atmosphäre der nächtlichen Zusammenkünfte der Freunde der Familie im herrlichen Rokoko-Festsaal des Schlosses innen oder in den Eingangsloggien aussen.

In der bewussten Absicht, die kindlich-staunend empfundene Schlossatmosphäre zu bewahren und inhaltlich zu verdichten, sind gewiss auch die eingesetzten formalen Stilmittel begründet. Verschiedene Werke der Frühzeit, wie etwa «Bremgarten» von 1935 (siehe Abb. S. 45) oder das Flügelaltärchen «Calendarium» von 1938, sind bewusst naiv gehalten (gerade deswegen aber nicht naiv) und stehen, das ergäbe der Vergleich, Kinderzeichnungen von Ricco sehr nahe. Viele Werke, nicht nur solche der Frühzeit, erscheinen naiv: Indes war Ricco nie ein naiver Künstler – dazu kannte er sich in der Kunstgeschichte zu gut aus, aber er bezog sich auf naive Gestaltungsmittel und setzte sie im Dienste der beabsichtigten Wirkung bewusst ein: Viel später erst, 1952, wird er eine «Hommage à Henri Rousseau» malen.

Nur kurzer Erwähnung bedürfen die Gemälde, die 1937/38 an der Académie entstanden: Sie erinnern an Werke von Malern, die in der väterlichen Sammlung vertreten waren, an Gemälde von Blanchet, Auberjonois, P.B. Barth etwa. Bei aller malerischen Qualität, soweit sich diese in den alten Fotografien (die Bilder selbst sind verschollen) zu erkennen gibt, bezeugen diese Akte, die so ganz einsam im Werkablauf stehen, dass es Ricco in seinem Akademiestudium (wie dann auch später bei Amiet und Max von Mühlenen) nur darum ging, das Handwerk zu lernen: Sein Weg verlief von Anfang an geradlinig, seine künstlerische Vision wurde durch die Lehrer kaum beeinflusst.

Ist das Frühwerk als Ganzes in seinem Charakter gewiss als romantisch oder romantisierend zu bezeichnen, so gibt es darin eine kleine Gruppe von Werken, in denen sich Ricco explizit auf deutsche Romantiker des 19. Jahrhunderts zu beziehen scheint: In Werken, in denen der Jüngling dem Mädchen huldigt, erscheint er in der romantischen Auffassung des mittelalterlichen Minnesängers. Diese Werke sind sicher stark autobiographisch geprägt. Wo Ricco bei solchen Themen auf die Umsetzung ins Märchenhafte verzichtet und das jugendliche Paar sich nackt und scheu in der reinen Natur begegnen lässt, zeugen die Darstellungen von einer übersteigerten, beinahe penetranten Naturromantik.

Es gibt gegen den Schluss dieser ersten Schaffensphase einige Bilder, die weit ins spätere reife Schaffen vorgreifen: Das sind einerseits die

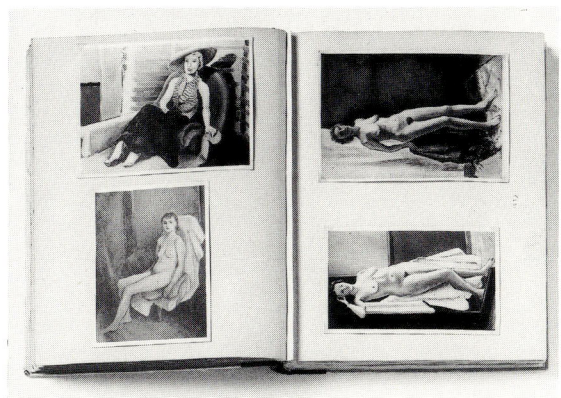

Doppelseite aus dem
Œuvre-Katalog mit
Werken aus Riccos
Pariser Akademiezeit

Ohne Titel. 1936
56 x 78,5 cm
Familie Martz

Ohne Titel. 1937
50 x 65 cm
M. W. Goldach

Ohne Titel. Um 1938
72 x 54 cm
PB Bremgarten

Ohne Titel. Um 1938
73,5 x 57 cm
PB Bremgarten

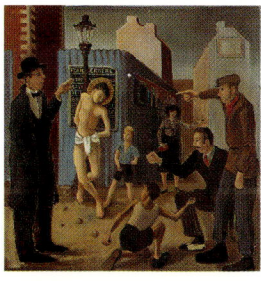

Moderner Sebastian
(Der Glaube). 1942
75 x 74 cm
Familie Martz

Der Heilige in der Stadt.
1942
66 x 53 cm
Familie Martz

Ohne Titel. Um 1940
Oel auf Karton.
60 x 50 cm
PB Bremgarten

Ohne Titel. Um 1940
Oel auf Pavatex.
44 x 55 cm
PB Bremgarten

Gemälde mit dem Heiligen in der Stadt, in denen verschiedene Realitäten in einem Bild kombiniert werden: die mittelalterlich aufgefasste Erscheinung des Heiligen kontrastiert mit der modernen Banlieue und ihren Bewohnern. Diesen hier erstmals so deutlich ausformulierten Kontrast wird Ricco während seines ganzen Schaffens weiterverwenden, wenn auch in veränderter Form: Er wird die «frühere», die vergangene Realität, die in die moderne Darstellung einbrechen wird, später immer durch das Stilmittel des Bildes-im-Bild kennzeichnen. Gehören diese Bilder in ihrer Inhaltlichkeit noch zum Frühwerk, so sind «Der Sohn-» und «Die Tochter des Häuptlings» absolute Vorgriffe: Diese Szenen werden erst nach der grossen Reise Riccos nach Tahiti und rund um die Welt zum oft behandelten Thema. Aber sie zeugen, mitten im Krieg, als Reisen unmöglich war, vom grossen Fernweh Riccos (und von seiner Kenntnis Rousseaus).

Zwei Selbstbildnisse von 1942

Zwei Selbstbildnisse aus dem Jahre 1942, die, obwohl sie im Œuvre-Katalog unmittelbar aufeinander folgen, sowohl stilistisch wie inhaltlich verschiedener nicht aufgefasst sein könnten, markieren deutlich den Abschluss dieser ersten Werkphase. «Ricco sui ipsius» zeigt den höfisch gewandeten Künstler dem Betrachter abgewandt an einem Clavichord sitzend. Vor ihm steht eine nackte Gestalt mit vermummtem Gesicht, die ihm einen Spiegel hält. Der Betrachter sieht also, wie der gemalte Maler selbst, Ricco als Spiegelbild. Dieser prostet seinem Bild im Spiegel zu. Das Bild mit dem Totenkopf in der anderen Hand der vermummten Gestalt verweist auf den Vanitas- und Memento mori-Charakter der ganzen Darstellung. Die Szene spielt auf einer Terrasse vor einer offenen Landschaft: Links vom Maler, der sein Musizieren durch den Griff zum Becher kurz unterbrochen hat, seine Malutensilien, dahinter einige seiner Gemälde: Zuvorderst eines seiner schönsten Frühwerke, das Porträt des jungen Mädchens, das in seiner rechten Hand ein Medaillon mit dem Bildnis des Malers hält. Das Mädchen selbst (seinem Typus begegnen wir auf zahlreichen anderen Gemälden) sitzt nackt in der vordersten Ebene rechts aussen im Bild: Zwischen ihr und ihrem Bild-im-Bild spielt sich die gotisch aufgefasste Hauptszene ab. Eine überaus beziehungs-, symbol- und anspielungsreiche Darstellung, die paradoxerweise von einer tragisch empfundenen Beziehungslosigkeit oder -unfähigkeit zeugt. Darauf verweist zusätzlich der wunderschön (aber eben: bloss) gemalte Verkündigungsengel hinter dem knabenhaft aufgefassten Mädchenakt. Über der ganzen auf einer hermetischen Bühne spielenden Szenerie liegt eine tiefe Melancholie: darüber vermag der sich fröhlich zutrinkende Maler nicht hinwegzutäuschen.

Im Entstehungsjahr dieses tragischen Selbstporträts arbeitet Ricco während der Spätfrühlings- und Sommermonate bei Cuno Amiet auf der Oschwand (den das eben besprochene Gemälde gewiss unangenehm an die radikal überwundene symbolistische Phase seiner eigenen Frühzeit erinnern musste). Hier entstehen einige wenige Werke in der Art der peinture pure, wie sie Amiet verstand: Sie zeugen von Riccos handwerklichem Geschick und seiner Fähigkeit, in ihm nicht gemässen Stilen zu malen. Indes: bei aller Qualität, wie sie vor allem das Selbstbildnis auf der Oschwand beweist, kann der Aufenthalt bei Amiet als stilistisch

Die Tochter
des Häuptlings. 1941
48,5 x 80,5 cm
PB Bern

Der Sohn des
Häuplings. 1942
59 x 77,5 cm
PB Bern

Ricco sui ipsius. 1942
89 x 109 cm
E. und M. Guidi, Ascona
(Foto: Alberto Flammer,
Losone)

Porträt einer jungen
Frau mit Medaillon.
Um 1942
23 x 20 cm
M. M. Bern

Révélation. 1939
100 x 65 cm
Familie Martz

folgenlos bezeichnet werden. Ganz konzentriert setzt Ricco seine Figur an den vordersten Bildrand: ein ganz knapper Bildraum wird nur durch den schräg ins Bild plazierten Oberkörper erschlossen. Äusserst reduziert wird die Fläche durch zwei Bilder im Hintergrund und durch die Diagonale der Leinwand, an der Ricco arbeitet, knapp und entschlossen definiert. Ein souveränes Stück Malerei auf einem Weg, den der Maler nicht weiter verfolgen wird. Die Wahl eines Amiet-Bildes mit Bretoninnen im Hintergrund: Die Assoziation zur Bretagne führt uns zu Gauguin und dann auch zur Südsee: die gleiche Assoziationskette wird Ricco zur Wahl gerade dieses Bildes veranlasst haben.

Die Stilleben und der Abschluss des Frühwerkes

1940 datieren die ersten Stilleben, 1942 bis 1946 konzentriert sich Ricco fast ausschliesslich auf diese Bildgattung. Diese Konzentration fällt biographisch zusammen mit dem oftmaligen Aufenthalt in Oberramsern SO, in der «Einsiedelei», einem einsamen Haus, das er zusammen mit einem Freund bezogen und eingerichtet hat. Vielleicht sind die Stilleben auch als Ergebnisse einer quasi inneren Emigration zu deuten: Denn gewiss träumt Ricco in dieser Zeit schon vom Verreisen, vom Leben auf See. Vielleicht auch mag Amiet, dieser thematisch so unbelastete Vertreter einer reinen Malerei, diese Beschäftigung mit der Stillebenmalerei gefördert haben: Er mag versucht haben, dem jungen Schüler, dem stilistisch nichts beizubringen war, klar zu machen, dass das Thema der Malerei zweitrangig sei, dass jedes Thema bildwürdig sei. Vielleicht; indes versteht Ricco das Stilleben anders, bei ihm ist es immer über das nur Formale hinaus beziehungsreiches Gespräch zwischen Gegenständen, toten und lebendigen, die auch inhaltliche Aussagen machen. Er weiss um die symbolträchtigen Intentionen traditioneller Stillebenmalerei, die Motive sind ihm nicht, wie für Morandi etwa, Anlass zu reiner Malerei. Die Liebe zum preziösen Gegenstand und die Herausforderung, diesen in eine gleichermassen delikate, oft äusserst kleinformatige Malerei umzusetzen, sind nur das eine: die beziehungsreiche, der Interpretation sich anbietende Komposition ist das andere. Ricco scheint zu wissen. dass er sich eine künstliche Welt aufbaut und er weiss gewiss um deren Gefährdung: Am deutlichsten wird dies im Bild «Glaskugeln» von 1944 ausgesprochen, deren zwei das verzerrt gespiegelte Bild des Malers vor der Staffelei zeigen, während eine dritte zerbrochen ist.

Riccos Stilleben sind sehr bewusst, nach formal-kompositorischen wie inhaltlichen Gesichtspunkten arrangiert. Immer wieder gibt es das Bild-im-Bild, die Zwiesprache zwischen Gegenständen und (oft ihren eigenen) bildlichen Darstellungen. Ricco spielt mit diesen verschiedenen Darstellungsebenen, wenn auch das ausdrückliche Trompe-l'œil die Ausnahme bildet (siehe Abb. S. 62). Hingegen funktionieren zahlreiche Gemälde in der Art des Quodlibet und beinhalten versteckte Hommagen: so finden wir im Bild «Der grüne Vogel» neben der an die Wand gehefteten bildlichen Darstellung eines Vogels auch eine gerahmte Zeichnung mit dem Porträt von Novalis – und damit endlich auch einen ausdrücklichen Hinweis auf die Romantik (siehe Abb. S. 66).

1946 entsteht das Bild «Blumen vor Selbstbildnis»: Es zeigt Ricco als Mönch, einem Messdiener die Hand auf die Schulter legend, hinter

Selbstporträt mit Bart.
1942
77 x 59,5 cm
K. W. Ennetbaden

Jean Baptiste. 1946
Oel auf Karton.
22 x 17 cm
PB Bremgarten

Aus gutem Herzen.
Um 1943
Oel auf Karton.
22 x 20 cm
Familie Martz

Stilleben mit
Blumenzweig. 1949
Oel auf Pavatex.
45,5 x 61 cm
PB Bremgarten

Kolibri I. 1944
72 x 45 cm
Stadt Bern

einem bunten Blumenstrauss. Herabgefallener Blütenstaub hat das
Tischtuch unter der Vase blutrot gefärbt.

Dem «Einsiedelei»-Tagebuch ist zu entnehmen, dass Ricco in jener Zeit
schwere Krisen durchzumachen hatte; er vertraute dem Buch 1945
sogar an, er hätte sich mit dem Gedanken getragen, ins Kloster zu gehen
und seine Malerei der Jungfrau Maria zu widmen. Indes lesen wir auf
derselben Seite im Tagebuch, auf die auch eine Fotografie mit Ricco in
Mönchskleidern geklebt ist, folgendes weiter: «Er konnte aber dem verführerischen Ruf nicht widerstehen, der vom 'Verband schweizerischer
Wasserjungfern und Meerweibchen der vereinigten Schweizer Seen' bis
in die Einsiedelei zu hören war."


Ricco: peintre et marin
Das reife Werk

So wurde denn nichts mit dem Malermönch: Ricco lässt sich 1945 eine
Jacht bauen, auf der er 1946 mehrere Monate in Morges am Genfersee
lebt. 1947 segelt er auf ihr vor Südfrankreich, im gleichen Jahr verkauft
er sie in Tanger. 1948 reist er nach Tahiti, wo er sechs Monate bleibt,
anschliessend reist er als Seemann, erst als paying guest, dann als Küchengehilfe auf einem Frachter – er habe vor allem Kartoffeln geschält –
von Hawaii nach Bombay, Arabien, Sizilien, Japan, Kanada und zurück. «Er hat sich einen Bubentraum erfüllt»: Der so leicht hingeschriebene Satz ergibt sich erst angesichts des reifen Werkes des Malers in seiner ganzen Schwere zu erkennen. Als Ricco zurückkehrt, schmückt
eine Tätowierung seinen Oberarm. Er ergänzt die Signatur seiner Bilder
fortan oft um das Zeichen des Ankers.

Mit der Reise hat sich Ricco, dieser unbehauste, von Fernweh gleichermassen wie von Heimweh geplagte Mensch, einen Traum verwirklicht.
Mit dem Bild «Deux vahinés» von 1948 bekennt er anderseits klar, dass
er mit seinem Aufenthalt auf Tahiti auch Gauguins Spuren gefolgt ist. Er
kehrt thematisch bereichert zurück: Reise- und Seefahrtsthemen werden
in Zukunft sein Schaffen leitmotivisch bestimmen, ebenso exotische
Szenen: Das erwähnte, so einsam in seinem Frühwerk stehende Bilderpaar «Die Tochter –» und «Der Sohn des Häuptlings» von 1941 resp. 1942
bildet nun den sehr frühen Anfang einer umfangreichen Werkgruppe.


«Le Grand Meaulnes» und die Bilder zu Rimbaud

Nach einem halbjährigen Aufenthalt in Cannes bezieht Ricco das
Schloss Bompré in Barberier in der Nähe von Vichy. Hier entsteht 1952
ein erstaunliches Gemälde: «Der Erzähler». Eine nächtliche Szene: Vor
Riccos Schlösschen sitzen im Vordergrund um einen Tisch im Freien
einige junge Burschen und jenes Mädchen, das uns von früheren Bildern gut bekannt ist. Eine einzige Kerze, deren Flamme von einem
Blumenstrauss verdeckt wird, wirft ein fast grelles Licht auf das Tischtuch und die Gesichter der jungen Leute. Alles andere ist in tiefe Schatten gehüllt, auch das Schloss. Nur hinter einem Fenster brennt ein rötliches Licht. Das fahle Dämmerlicht über dem tiefen Horizont hinter
dem Schloss dürfte schon vom kommenden Morgen künden: darüber

Glaskugeln. 1944
Oel auf Karton.
29,5 x 37,5 cm
M. W. Goldach

Blumen vor Selbst-
bildnis. 1946
77 x 59,5 cm
PB Bremgarten

Nature morte marine.
1955
100 x 73,5 cm
Öffentliche Kunst-
sammlung Basel,
Kunstmuseum
(Foto: Martin Bühler,
Kunstmuseum Basel)

Les deux vahinés. 1948
65 x 97 cm
Stadt Bern
(Foto: Rolf Schläfli, Bern)

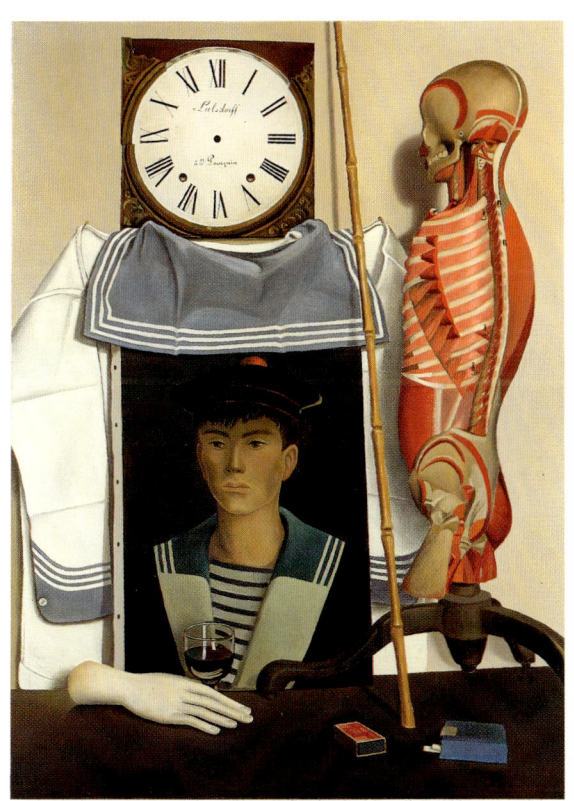

der Himmel: Vom hellen bis zum tief-dunklen Blau. Der Erzähler hat eben einen Moment innegehalten.
Das Erstaunliche an diesem Bild: Ricco erinnert sich. Über ein Jahrzehnt nach seinen Bildern zum Schloss Bremgarten entsteht dieses Gemälde: Eine gleiche Szene wie in den zwischen 1934 und 1940 häufig gemalten Bildern, nur das Schloss ist neu: Es ist sein Schlösschen Bompré. Ricco hat sich mit dem Bezug dieses Schlosses wieder einen Traum zu verwirklichen versucht und er vereint die Erinnerung an seine schöne Kindheit in jener wundersamen Umgebung mit seinem tatsächlichen neuen Wohnsitz auf einem Bild. Damit realisiert er den wehmütigen Traum vom verlorenen Paradies da, wo es noch möglich ist: im Gemälde, in der Kunst.

«Der Held von Riccos Malerei ist ein Mensch, dessen Kindheit zu schön war»: Diese Aussage, mit der wir das Wesentliche und den Antrieb für Riccos Schaffen zu umreissen suchen, ist die Variation eines Satzes, mit dem Alain-Fournier in einem Brief den Protagonisten seines Romans «Le Grand Meaulnes» charakterisiert: «Meaulnes, 'le grand Meaulnes', der Held meines Buches ist ein Mensch, dessen Kindheit zu schön war.» Und weiter schreibt Alain-Fournier im gleichen Brief: «Während seiner ganzen Jünglingszeit schleppt er sie (die Kindheit, B.W.) mit sich. Für Augenblicke scheint es, als werde dieses ganze Traumparadies, das seine Kindheit war, am Ende seiner Abenteuer auferstehen. (...) Aber er weiss schon, dieses Paradies kann es nicht mehr geben.»[1]

Alain-Fourniers «Le Grand Meaulnes», der 1912 erschienene einzige Roman des 1914 mit 28 Jahren gefallenen französischen Schriftstellers, bildet die erstaunliche literarische Parallele zum malerischen Schaffen von Ricco. Es ist hier nicht der Platz, den Inhalt des Buches nachzuerzählen; der Gegenstand und der Gehalt des Romans, die jugendliche Liebe und der Sündenfall der Mannbarkeit, werden mit den zitierten Briefstellen treffend umrissen.

Ricco hat dieses Buch gekannt und er dürfte auch die präzise Analogie zu seinem Schaffen und dessen Antrieb und Thema genau erkannt haben. Sein malerisches Werk atmet als Ganzes den Geist dieses wundersamen Romans. Aber er hat nie ein Bild gemalt, das sich auf eine Textstelle des Buches beziehen würde – es sei denn, mit dem oft gemalten Schloss sei auch jenes von Meaulnes sehnsüchtig erinnerte und unter Qualen wieder gesuchte mitgemeint.

Es existiert jedoch eine Bleistiftzeichnung mit dem Bildnis eines Knaben, von der Ricco gesagt habe, sie zeige den «Grand Meaulnes». Es gibt keinen Grund, an diesem Hinweis des heutigen Besitzers, der Ricco persönlich gut gekannt hat, zu zweifeln. Ricco hat das Buch geschätzt und es auch verschiedenen Freunden geschenkt. Die Zeichnung dürfte 1952 entstanden sein – dem Entstehungsjahr auch von «Der Erzähler» und sie muss Ricco wichtig gewesen sein: Eine sich nur unwesentlich unterscheidende Zeichnung finden wir auf dem Faltblatt zu Riccos Ausstellung in der Galerie Cambacérès 1952 in Paris. Mit dem Bild «Der Erzähler» und mit dem Einzug ins Schloss Bompré wird der wohl wichtigste Schritt in der Entwicklung Riccos fassbar: Was der Maler in seinem Frühwerk unmittelbar formulierte – die poetisch eingekleidete Kindheitserinnerung –, wird jetzt explizit thematisiert. Ricco erinnert

[1] Alain-Fournier in einem Brief an Jacques Rivière, zit. in: Jugendbildnis Alain-Fournier. Briefe, ausgewählt, übersetzt und eingeleitet von Ernst Schoen, Berlin und Frankfurt a. M. o. J. [1954], S. 167

Alain-Fournier, Der grosse Meaulnes, Band 142 der Bibliothek Suhrkamp.

Fest im Schloss.
Um 1936/38
65 x 50 cm
Familie Martz

Der Erzähler. 1952
100 x 73 cm
PB Zürich

«Le grand Meaulnes».
Wohl 1952
Bleistift auf Papier.
19 x 18 cm
PB Bern

Faltblatt zur Ausstellung
in der Galerie
Cambacérès, Paris 1952

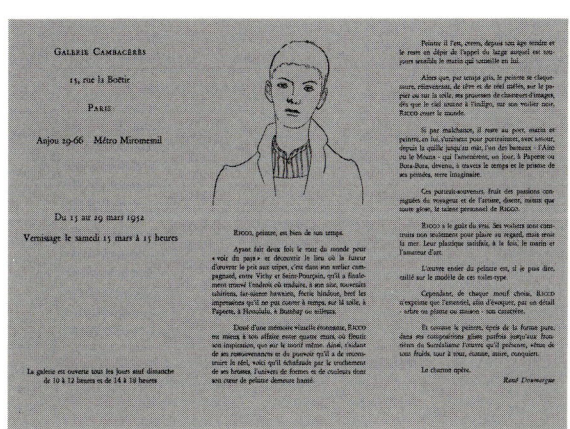

sich und er hat erkannt, dass das Paradies der Kindheit ein unwiederbringlich verlorenes ist. Zwischen dessen unmittelbarer Darstellung und dem Einschieben einer distanzierenden Meta-Ebene liegen unter anderem seine Verkleidung und sein Selbstbildnis als Mönch, seine Reisen und der Einzug ins Schloss in Frankreich.

Hingegen gibt es zwei Gemälde, die sich mit ihrem Titel ausdrücklich auf Gedichte von Rimbaud beziehen: «A. Rimbaud: Enfance» aus dem Jahr 1952 sowie «Rimbaud: Après le déluge» von 1958. Das spätere Gemälde vereinigt viele Elemente des Gedichtes, dessen Anfang wir dazu zitieren: «Sobald die Erinnerung an die Sintflut sich beruhigt hatte, blieb ein Hase im Klee und in den schwankenden Glockenblumen sitzen und sagte dem Regenbogen ein Gebet, durch das Netz der Spinne hindurch ...». Und weiter: «Frau *** stellte ein Klavier in den Alpen auf ...». Während dieses Gemälde eher illustrativ aufgefasst ist, gelingt es dem Maler mit dem früheren, die Elemente des Gedichtes zu einem seiner eindringlichsten Gemälde zu verdichten. Es stammt aus dem gleichen Jahr 1952 wie «Der Erzähler» und wie vermutlich auch die Zeichnung zum «Grand Meaulnes»: Das Thema Kindheit muss für Ricco damals brisant gewesen sein und es überrascht nicht, dass er sich gerade in jener Zeit mit Rimbauds Gedicht «Enfance» bildnerisch auseinandersetzt.

Wir vermuten übrigens, dass sich Ricco auch mit seinem Bild des «Endymion» von 1954 (siehe Abb. S. 83) auf ein Gedicht von Rimbaud bezieht, wenn er uns auch jeden Hinweis darauf schuldig bleibt. Mythologische Szenen sind bei Ricco eher die Ausnahme. Er stützt sich bei der Darstellung des selten gemalten Themas des schlafenden Endymion nicht auf ein Vorbild aus der Geschichte der Malerei, sondern, so glauben wir, setzt eine Textstelle gegen Ende des Gedichtes «Soleil et Chair» («Sonne und Fleisch») frei um:
«In dunkler Lichtung, drin des Mondes Sterne stehen,
Selene lässt, die weisse, ihren Schleier wehen
voll Scheu auf ihres schönen Freunds Endymion Fuss
und wirft in einem bleichen Strahl ihm ihren Kuss ...».


Explicativ (pour faire voir): Zur stilistischen Entwicklung und zur Technik

Wir erachten, wie oben dargelegt, den Übergang von der unmittelbaren Umsetzung eines gegenständlichen Vorwurfs in ein Bild zu jener Darstellung, die verschiedenste Darstellungsebenen, direkte Anschauung und distanziert vermittelte Meta-Ebene, in einem Bild kombiniert, für den entscheidenden Entwicklungsschritt in der Malerei Riccos. Der eigentliche Weg verläuft demgegenüber geradlinig und ohne spektakuläre Brüche. Die Entwicklung wird nach Riccos Aufenthalt bei Amiet klar fassbar: Das malerische Element und, damit verbunden, die Tonigkeit, die im frühen Werk noch ihr Recht beanspruchten, werden immer stärker zurückgedrängt zu Gunsten einer präzis zeichnerischen Darstellungsweise und einem klar definierenden reinen Farbeinsatz. Ebenso verschwindet das Pastose, die Malerei wird immer feiner und glatter und die grobe Leinwand des frühen Schaffens wird durch eine ganz feine ersetzt. Explizit demonstriert uns der Maler sein technisches Vorgehen im Bild «Explicativ (pour faire voir)» von 1956. Ricco zeichnet auf der

Rimbaud: Après
le déluge. 1958
81 x 100 cm
Sammlung Martin, Bern


A. Rimbaud: Enfance.
1952
80 x 100 cm
PB Gerzensee

Leinwand vor, zuerst mit Bleistift, dann mit der Feder. Erst anschliessend werden die Konturen mit Farbe und feinem Pinsel ausgemalt. Ein grösserer Gegensatz als dieses zeichnerische Vorgehen lässt sich zur so ausdrücklich malerischen Malerei Amiets schwerlich vorstellen.

Was uns Ricco in «Explicativ…» noch nicht zeigt, ist, wie er die Fotografie für seine Bild- und Kompositionsfindung einsetzte. Allerdings ist der Einsatz der Fotografie bis zur Entstehungszeit dieses Gemäldes erst in Ausnahmefällen zu belegen, während sich fotografische Studien für zahlreiche Werke der Sechzigerjahre nachweisen lassen.

Der Einblick ins Atelier, den uns Ricco mit diesem Bild eröffnet, ist auch in inhaltlicher Hinsicht spannend und aufschlussreich. Er zeigt uns einen Knaben – korrekter: die Zeichnung eines Knaben in einem gemalten Hemd –, der sich mit seiner Rechten auf ein ungerahmtes Bild stützt: Dieses Gemälde zeigt uns den Maler an der Arbeit, sein Gesicht jedoch wird von der Leinwand jenes Bildes, an dem er malt, verdeckt. Die Bilder, auch die Zeichnungen und Reproduktionen – verschiedene Hommagen – an der Atelierwand und die Gegenstände, die fast alle mit dem Bildermalen zu tun haben, erscheinen real, während der Knabe, sein tatsächlich reales Modell, als Zeichnung und im Zustand der (Bild-)Werdung gezeigt wird. Ein ebenso raffiniertes wie vertracktes Spiel mit verschiedenen Bild-, Realitäts- und Illusionsebenen. Die Bilder sind das Reale – oder zumindest: das Realere.


«Das Bildnis» und die Bildnisse

Eigentliche Bildnisse gibt es bei Ricco nur wenige; zwar sind viele seiner Dargestellten leicht als dieser oder jene identifizierbar, aber es geht ihm selten ums Konterfei: Den Figuren, vor allem den ephebenhaften Jünglingen, kommt in seinen Bildern vielmehr meist die Rolle zu, Träger von Sehnsüchten oder Wünschen zu verkörpern. Sie sind in erster Linie Projektionsträger.

Eines der Hauptwerke von Ricco heisst jedoch «Das Bildnis». Es ist eben gerade kein Bildnis – oder: sehr viel mehr als nur ein Bildnis –, sondern ein herausragend schönes und aufschlussreiches Bild. Der Titel ist bewusst gesetzt: Ricco hat mit diesem Gemälde kein Bildnis gemalt, sondern das Bildnis thematisiert. Es ist kein idealisierendes Bildnis, sondern ein Idealbild. Wieder öffnet der Maler die Tür zu seinem Atelier weit: Im Innenraum steht auf der Staffelei eine grossformatige Leinwand auf dem Keilrahmen. Diese trägt ein Bild, das selbst wieder zahlreiche Bilder-im-Bild enthält. In der linken Hälfte des Bildes auf der Staffelei steht frontal ein Jüngling, der in jeder Hand eine Blume hält. Unter seinem Ab-Bild die Szene einer Seeschlacht, neben seinem rechten Bein einige Schmetterlinge (Ricco selbst hatte eine grosse Sammlung davon), über ihm zwei monströse Konfigurationen aus Hieronymus Boschs «Garten der Lüste». Die rechte Leinwandhälfte zeigt in ihrem oberen, zerrissenen Teil höfisch-ideal gewandete Jünglinge aus einem Gemälde von Benozzo Gozzoli, darunter erkennen wir eine Ansicht vom Schloss Bompré, unter dieser wiederum einen alten Citroën – von solchen Oldtimern besass Ricco zeitweise deren vier. Auf dem Keilrahmen sitzt oben rechts ein Knabe, daneben einer auf dem Fahrrad. Über der lin-

Explicativ
(pour faire voir). 1956
92 x 73 cm
E. S. Bern

Der erste Zustand einer
Bildwerdung:
Bleistiftvorzeichnung
auf Leinwand
92 x 60 cm
K. W. Ennetbaden

ken Bildhälfte ein im Verhältnis zu den Knaben übergrosses Modell eines Zweimasters. In der vertikalen Bildmitte, vor der Leinwand, aber auch Teil der Darstellung, ein altertümliches Uhrwerk, daran hängt als Zuggewicht eine Glaskugel, die Teile des Raumes um dieses Bild verzerrt spiegelt. Auf dem Uhrwerk ein Papagei. An die rechte untere Ecke des Staffeleibildes ist ein Zettel geheftet mit der Aufschrift «-nis». Ricco selbst habe das Bild oft nur «nis» statt «Bildnis» genannt. Unter diesem Zettel, nun ausserhalb des Bildes-im-Bild, ein Paar mit einem Kind, die Frau staunend. In der linken unteren Bildecke sitzt ganz klein, sinnierend, der Maler selbst zwischen einem Dreibein, das eine, im Verhältnis zu ihm, übergrosse anatomische Figur trägt (auch diese, wie übrigens zahlreiche der oft gemalten Gegenstände, gehörte tatsächlich zu Riccos Sammlung).

Diese im Sinne des Memento mori eingesetzte Figur steht zwischen Ricco und einer jungen Frau, die ihn zu erblicken sucht. Und davor, vor der ganzen Szenerie, die grösste Figur, ein musizierender Engel, dessen eindeutige Geschlechtszuweisung in idealer Androgynie aufgehoben ist und unbestimmt bleibt. Ricco hat diese Engelsfigur wörtlich aus Caravaggios «Ruhe auf der Flucht» der Galleria Doria Pamphili, Rom, übernommen, den androgynen Aspekt gegenüber dem Vorbild aber noch verstärkt. Auch in Caravaggios Engel ist Verschmelzung männlicher und weiblicher Formen angestrebt, darüber hinaus ist sein Engel aber auch ein naher Verwandter seines «Amor als Sieger» (Berlin, Staatliche Museen Preussischer Kulturbesitz, Gemäldegalerie), des jugendlichen Gottes der irdischen Liebe. Ricco hat um solche Bedeutungen gewusst, er hat sie sehr bewusst zitiert und eingesetzt. Im Spruchband am linken Bildrand nennt er die Vorbilder, er ist mit ihnen auf Du: Benozzo, Hieronymus, Caravaggio. Mit dem folgenden «Louis» dürfte er dem verehrten väterlichen Freund Louis Moilliet seine Referenz erweisen, obwohl sich in der Darstellung kein Hinweis auf diesen findet. Als letzten untersten Namen hat er seine Signatur hingesetzt: Ricco sieht sich in einer Linie.

Eine für den Maler und seine Sicht der Welt äusserst aufschlussreiche Kompilation, die sich durch eine intelligente Vernetzung der einzelnen Elemente und durch eine raffiniert gelöste Komposition zu einem hervorragenden Bild verdichtet. Darüber hinaus: eine grossartige Hommage an die Malerei.

Mit tatsächlichen Bildnissen, Aufträgen für Kinderbildnisse etwa, habe Ricco seine liebe Mühe bekundet. In seinen besten Bildnissen gelingen ihm aber auch ganz typische und gültige Bilder. So etwa im «Bildnis Frau Dr. B.» von 1956, wo die Schönheit der Dargestellten ihn die Mühe des Auftrages offenbar vergessen liess und zusätzlich inspirierte, oder im Bild «Le lis», dem Knaben mit der Lilie: eine ganz konzentrierte, versunkene Darstellung, in der auf alles ablenkende Bildwerk verzichtet wird. Im Bild «Il ballo» von 1964 kontrastiert der Naturalismus des Dargestellten auf eigentümliche und irritierende Weise mit dem idealen Brueghel-Hintergrund und der Rokoko-Bühne der Spieldose. Eine Ausnahme in dieser Werkgruppe bildet ein Gemälde von 1965: Eine einzige rote Blume und ein beinahe krud naturalistisch gesehener Knabe in roter Badehose inmitten von Grün: «La verdure». Der absolute, naturalistische Gegenpol zum idealen «Bildnis».

Das Bildnis. 1955
100 x 81 cm
PB Bremgarten

Il ballo. 1964
92 x 73,5 cm
Sammlung Martin, Bern

La verdure. 1965
56 x 70 cm
Peter Hulliger, Bern

Bildnis Frau Dr. B. 1956
73 x 100 cm
Lisbeth Bäny, Aarau

Le lis. 1958
41 x 27 cm
PB Davos

Die Bilder zu Tinguely

Wenn Ricco sich auf Werke aus der Geschichte der Malerei bezieht und wenn er solche als Bildelemente in seine Gemälde integriert, so sind es ausschliesslich Werke aus der vergangenen Kunstgeschichte: Werke der Renaissance und des beginnenden Barock zumeist. Wie präzis er dort auswählt, wird weiter unten aufgezeigt werden. Obwohl er mit zahlreichen Künstlern seiner Zeit befreundet ist, setzt er sich in seinem eigenen malerischen Schaffen nicht mit zeitgenössischen Bildwerken auseinander.

Die einzige Ausnahme, abgesehen von Referenzen an Picasso, die sich auf diversen Bildern finden, bildet jene zwischen 1959 und 1964 entstandene kleine, aber wichtige Gruppe von Werken, die die künstlerische Arbeit von Tinguely und, in einem Beispiel, die von dessen damaliger Lebensgefährtin Niki de Saint-Phalle zum Thema haben. Das erste Bild von 1959 «Essai no 30 ou Hommage à Tinguely» verzichtet auf die Wiedergabe Tinguelys: Eine riesige Maschinenanlage, deren verschiedene Teile durch Transmissionsriemen miteinander verbunden sind, beherrscht das Bild – und die offene Landschaft, in der sie steht – auf gespenstische Weise. Der Aspekt des Magischen wird verstärkt durch das Fehlen von Menschen, die die Maschinerie bedienen sollten. Zwei Hinweise aber gibt es, dass Menschen hier zu tun haben, dass die Anlage offenbar kein nur sich selbst genügendes Perpetuum mobile ist: Ein Zettel an einer Stütze des Gestänges, innerhalb dessen vorderem linken Teil die Anlage steht, enthält eine Mitteilung: Ganz reduziert wird Kommunikation angedeutet. Und in der rechten unteren Bildecke, neben einem in der Art des Quodlibet funktionierenden Zettel, der den Sinn des Bildganzen verrät, eine Flasche und ein Glas Wein. Den Zettel mit der Würdigung beschwert ein Engländer, auf dass der Wind ihn nicht verwehe: Der Monteur ist für kurze Zeit nur abwesend.

Obwohl gewiss zahlreiche Bildgegenstände im Werk Riccos seit den Stilleben in magischer Ausstrahlung erscheinen – auch die Gegenstände seiner eigenen Sammlung, von den Schmetterlingen zur anatomischen Figur, von schönen Muscheln über das Karusselpferd bis zu den Votivtafeln, habe er in seinem eigenen Lebensraum ganz bewusst auf diese Art arrangiert und inszeniert –, obwohl die Gegenstände also magisch erscheinen mögen, sind es doch nur gerade diese Maschinenbilder, in denen sich der Maler direkt auf den historischen Magischen Realismus der Zwanzigerjahre zu beziehen scheint. Das trifft auch zu für das Bild mit der tatsächlichen Industrieanlage «La cimenterie», das die Portland-Cement-Werke zeigt, deren Aktionär Ricco als Familienmitglied war.

Im Bild «La machine» von 1960 sieht Ricco Tinguely als bocksfüssigen und gehörnten Faun. Nur gerade das Monogramm JT auf der Maschine, deren Sinn und Zweck sich nicht zu erkennen gibt, verweist auf den Künstlerfreund. Ricco kümmerte sich nicht um die Errungenschaften der neuen Kunst, um die Erweiterung des Kunstbegriffs etwa: aber dass hier einer kam, der in der Kunst spielte wie ein Knabe, der sinn- und zwecklose Maschinen bastelte, das muss ihn fasziniert haben. Dieses Einführen des spielerischen Elementes in die hohe Kunst, die Möglichkeit, im Rahmen der Kunst frei weiterzuspielen: um diese Freiheit muss Ricco Tinguely beneidet haben.

La cimenterie. 1962
97 x 130 cm
PCW Siggenthal

Essai no 30 ou
Hommage à Tinguely.
1959
73,5 x 100 cm
Bernische Kunst-
gesellschaft,
Kunstmuseum Bern

Il est midi,
Docteur Tinguely. 1964
196 x 114 cm
Staat Bern

La machine. 1960
90 x 116 cm
Sammlung Martin, Bern

Das letzte Bild dieser Gruppe und eines der grössten von Ricco überhaupt, zeigt Tinguely, nun naturalistisch, an der Arbeit seiner Riesenskulptur «Heureka», die heute beim Zürichhorn steht. Sie entstand 1963/64 für die Expo 64 in Lausanne. Ropraz liegt ja ganz in der Nähe von Lausanne, und Ricco dürfte den Aufbau der Skulptur mitverfolgt haben.

In diese Werkgruppe gehört auch das dazwischen, 1962, entstandene Bild «Magic Niki», Riccos Hommage an Niki de Saint-Phalle, die damals mit Tinguely zusammenlebte und -arbeitete. Von der Bildkonzeption her unterscheidet es sich aber stark von den doch recht reduzierten Tinguely-Darstellungen. Es ist im Gegenteil eines der vielleicht beladensten Werke, mit seinen Bildern-im-Bild, den verschiedenen Kunstfiguren und symbolträchtig eingesetzten Gegenständen. Das Gemälde bezieht sich konkret auf die von Niki de Saint-Phalle seit 1956 angewandte Technik des Schiessbildes: die Künstlerin schoss auf Gipsreliefs, unter deren Oberfläche Farbbüchsen verborgen waren. Die Farben fliessen aus den zerstörten Büchsen über die Fläche hinab und besudeln den nackten Körper des liegenden Knaben: die einzige Nicht-Kunstfigur im Bild übrigens. Das Bild steht auch in Beziehung zu einer (publizierten) fotografischen Serie von Ricco, in der ein nackter Knabe mit der Frauenbüste unseres Bildes konfrontiert wird [2].

2 Siehe Katalog zur Ausstellung «Mit erweitertem Auge – Berner Künstler und die Fotografie», Kunstmuseum Bern 1986, S. 71

Die Entwicklung von Bildideen an Beispielen

Eine Bleistiftzeichnung aus einem Skizzenheft der mittleren Vierzigerjahre zeigt den Entwurf zu einer symbolträchtigen Komposition: Auf einer nur sparsam angedeuteten Landschaft liegt eine aufgewickelte karierte Stoffbahn, die sich nach hinten perspektivisch stark verjüngt. Der Betrachter sieht durch sie hindurch; hinter ihr ein sich umarmendes junges Liebespaar. Vorne im röhrenartigen Gebilde, das mit seiner vordersten Wicklung auf den Erdboden fliesst, liegt ein verschlossener Sarg. Aus der Bildtiefe nach vorne kommt durch die «Röhre» ein übergrosser Vogel geflogen, auf ihm reitet ein Skelett. Mit seinem Schnabel transportiert der Vogel einen nur schwach angedeuteten leeren Bilderrahmen. Mit dem Vogel und dem reitenden Tod bezieht sich Ricco eindeutig auf Böcklins «Pest» (1898, Kunstmuseum Basel, Depositum der Gottfried Keller-Stiftung), wenn er auch dessen Drachen durch einen naturgemässen Vogel ersetzt. Die schauerliche Komposition mit ihrem fast penetranten Symbolgehalt wurde nie ausgeführt, einzelne Elemente daraus werden jedoch in «Hommage à Pablo» von 1946 übernommen: Das perspektivisch verjüngte rollen- oder röhrenartige Gebilde ist geblieben, das Liebespaar aber ersetzt durch zwei Artistenknaben, die wir von Picassos Frühwerk her kennen. Auf dem flach auf der Erde liegenden Anfang der Abwicklung finden wir ein Stilleben in der Art von Picassos synthetisch-kubistischer Phase. Aus der Bildtiefe kommt genau gleich wieder der Vogel geflogen – ohne reitenden Tod –, im Schnabel bringt er wieder den Rahmen, der nun ein Porträt Picassos enthält. Mit den Elementen der ursprünglichen makabren und symbolträchtigen Bildidee hat Ricco nun ein Gemälde geschaffen, das eine Huldigung an den verehrten Maler darstellt.

Magic Niki. 1962
81 x 100 cm
Atelier 5, Bern

2 Fotografien:
Ohne Titel. Um 1960/62
je 17,5 x 12,6 cm
(Foto-Nachlass)

Hommage à Pablo. 1946
92 x 73 cm
PB Bern
(Foto: J.-P. Kuhn, Schweiz.
Institut für Kunstwissen-
schaft, Zürich)

Blatt aus einem
Skizzenblock. Um 1945
Bleistift auf Papier.
42 x 29,5 cm
F. W., Ennetbaden

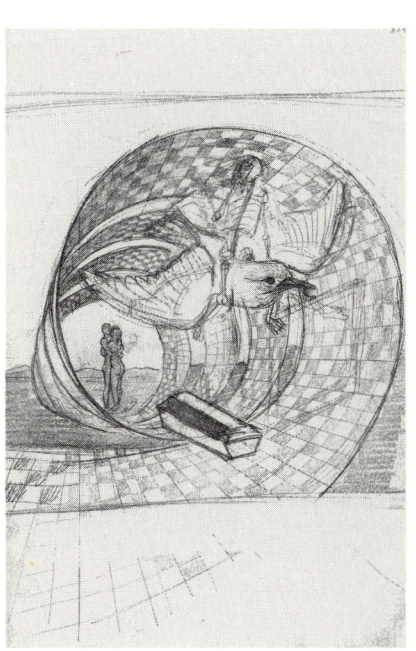

Neben diesem einfachen Fall der Umdeutung einer gezeichneten Skizze in einem gemalten Bild gibt es natürlich ungleich kompliziertere Weiterentwicklungen. Sehr schön lässt sich die Entwicklung der Bildideen im Umkreis des Werkes «Vive la Marine» von 1952 verfolgen: Auf einem Tischchen, dessen zwei Beine in Stiefeln stecken, steht auf ihrem Dreibein die uns vom «Bildnis» her bekannte anatomische Figur, gekleidet in die Uniform eines Admirals. Mit ihrer Rechten umarmt sie einen Jüngling, auf ihrer linken schneeweissen Gipshand liegt der Kopf eines vor ihr knieenden nackten zweiten Knaben. Am Boden zwei Schiffsmodelle, daneben der Beschlag von einem Segelschiff. Im Hintergrund links ein Leuchtturm, hinter der Gruppe wie auf einer Plakatwand die Abbildung eines reich geschmückten Dreimasters, die für einen Kenner der Marinemalerei leicht identifizierbar sein dürfte. Eine etwas makabre, aber sehr schön komponierte Ricco-Bildidee. Der Jünglingskopf in der Gipshand liegt exakt in der Mitte des Bildes. Er basiert auf der wohl schönsten Fotografie, die wir von Ricco kennen. Der Maler verwendet fotografische Studien als Hilfsmittel für die Entwicklung seiner Kompositionen, bild- oder kunstwürdige Fotografien gibt es nur ganz wenige (wie übrigens auch die bildwürdige Zeichnung sehr selten ist, was in Anbetracht der so zeichnerisch vorgehenden Malweise erstaunt). Die Fotografie zeigt den auf einer Fläche aufliegenden Kopf, darunter ist die Gipshand geschoben. Die künstliche Hand, die Ricco gehörte, stammt von «Haberer-Stukkaturen», Bern, der sie für Fachgeschäfte für Handschuhe anfertigte. Ricco hat dieses zentrale Bildelement ein Jahr nach «Vive la marine» wiederverwendet als Bild-im-Bild in einem seiner schönsten Stilleben, zehn Jahre nach seiner eigentlichen Stillebenzeit, in der «Nature morte au crayon»: Das Bild, eine wörtliche Umsetzung der Fotografie, hängt an einer Wand über einer Fläche, auf der die Gipshand liegt: auf ihr ein beschädigter Puppenkopf. Davor ein Bleistift, daneben eine Petrollampe, in deren fein geschwungenem Glas sich verzerrt die Fenster des Umraums spiegeln. Es existieren auch Skizzen nach der Fotografie. Wir zeigen ein Blatt mit zwei Skizzen: neben jener nach der Fotografie ist noch eine mit einem kauernden Jüngling: Auch von ihm kennen wir die Fotografie, und ihn finden wir wieder im Bild «Interieur», ebenfalls von 1952, zusammen mit der nun wieder anders gewandeten anatomischen Figur, vor dem Bild eines Harlekins auf der Staffelei: Der Harlekin trägt den gleichen Zweispitz wie die den Tod symbolisierende Figur.

Wir können hier kurz auf ein Bild hinweisen, in dem die Figur des vormaligen Admirals ähnlich, nun aber als Skelett, die Hauptrolle spielt. Solche Wiederverwendungen und Veränderungen finden wir zahlreiche; nicht deswegen möchten wir auf das Bild verweisen, sondern, weil es sich wohl um das einzige Bild im Schaffen Riccos handelt, in dem er ein reales politisches Ereignis thematisiert: Das Bild «Menschen der Strasse» entstand im November 1956 und bezieht sich ganz aktuell auf den Ungarnaufstand: Der ordengeschmückte Tod triumphiert.

Für eine recht grosse Werkgruppe arbeitet Ricco mit Bildmaterial aus der Geschichte der Malerei – wie wir es am Beispiel «Das Bildnis» schon gezeigt haben. Dabei bezieht er sich meist, wie erwähnt, auf Bilder der Renaissance und des Barock. Als eigene Werkgruppe lassen sich jene Gemälde zusammenfassen, in die er Werke aus der Marinemalerei integriert. In frühe Stilleben vor allem, aber zum Beispiel auch in «Dr Gieu

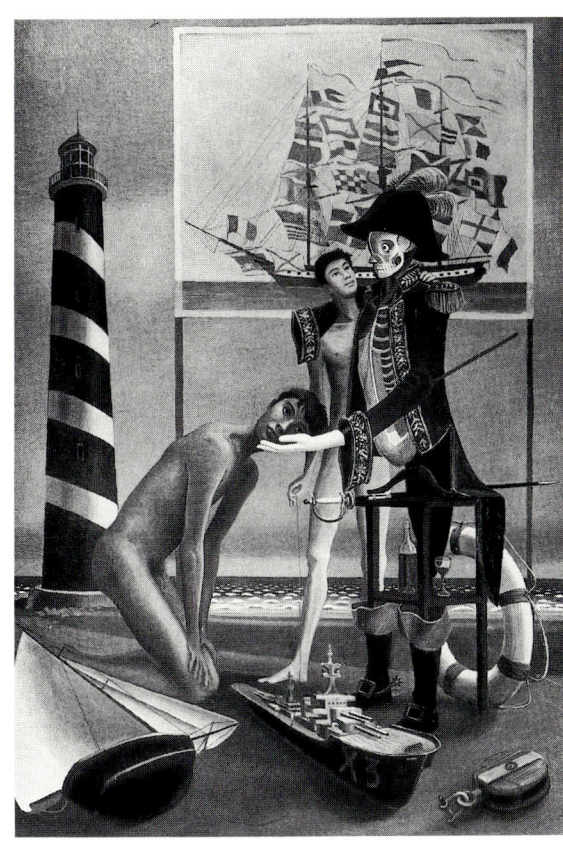

Nature morte au crayon.
1953
42,5 × 53 cm
K. W., Ennetbaden

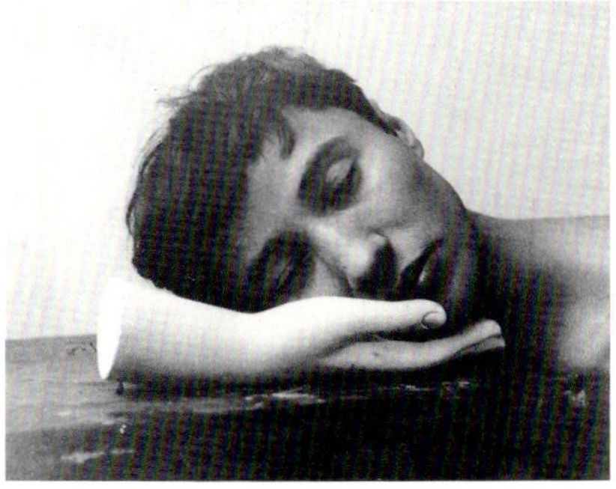

Ohne Titel. Um 1950/52
Fotografie. 43,5 × 58 cm
F. W., Ennetbaden

Vivre la marine. 1952
92 × 65 cm
PB Frankreich

Skizze. Um 1952
Bleistift auf Papier,
29 × 42 cm
Sammlung Martin, Bern

Intérieur. 1952
92 × 65 cm
PB Hunzenschwil

Fotografische Studie.
Um 1952
11 × 12 cm
(Foto-Nachlass)

Menschen der Strasse.
1956
60,5 × 93 cm
Bruno Aellig, Bern

33

u d'Iffle» von 1966 (siehe Abb. S. 133), integriert Ricco oft Bildmaterial aus älteren lexikalischen Werken.

Aufschlussreich und gut dokumentiert ist das Bild «Les chevaliers». Der Aufbau ist einfach: Im Vordergrund, rechts der Bildmitte, ein Knabe, der ein Schwert aus der Scheide zieht. Am linken Bildrand die Rüstung eines Reiters, zwischen dem Knaben und der Rüstung Riccos Hund (auch die Rüstung gehörte dem Maler). Hinter dem Jungen, an die Wand gelehnt, ein grünes Fahrrad. An der Rückwand zweimal Carpaccios «Junger Ritter in einer Landschaft» von 1510 aus der Sammlung Thyssen-Bornemisza. Der Vergleich der Bildgrössen mit der Körpergrösse des Jungen zeigt, dass Ricco Carpaccios Bild in der richtigen Grössenrelation kopiert hat. Die linke Version stimmt auch farblich recht genau mit dem Original überein, das rechte Bild jedoch gibt Carpaccios Gemälde als Grisaille wieder. Ein kleines Detail zeigt, dass Ricco nicht vor dem Original, sondern nach fotografischen Abbildungen gemalt hat: Das Carpaccio-Bild zeigt, an den Ast am Baumstrunk in der rechten unteren Ecke geheftet, ein kleines Kärtchen mit Signatur und Datierung des Renaissancemalers – also genau jene in der Art des Trompe-l'œil gehaltene Signatur, die Ricco so oft einsetzt. Sie fehlt auf Riccos Kopie. Das erstaunt sehr, hätte es ihn doch gewiss gefreut, dass Carpaccio auf die gleiche Weise signierte, es lässt sich jedoch leicht erklären: Carpaccios Signatur wurde erst 1958, bei einer Reinigung des Bildes, wieder entdeckt. Zwar stammt Riccos Bild erst von 1965, aber er hat das Vorbild im gereinigten Zustand offenbar nie gesehen, sondern sich auf eine ältere Fotografie gestützt.

In wohl unfreiwilliger Nähe zur zeitgleichen Pop Art kommt Ricco mit einigen Bildern seiner letzten Schaffensjahre. In «Martin et Tobie» konfrontiert er einen Knaben auf einem Go-Kart mit Adam Elsheimers Bild «Tobias und der Erzengel Raphael» aus der National Gallery, London. Dabei verlängert Ricco die Fläche des Elsheimer-Bildes nach vorne, so dass Tobias mit dem Erzengel und Martin, der Kartfahrer, auf der gleichen Ebene erscheinen. Grell hebt sich der gelbe Overall des Knaben vom tonigen Hintergrund der Barocklandschaft ab. Die vorderste Ebene gibt dem Bild trotz der farblichen Brüche – auch die Farbigkeit der Bekleidung von Tobias und dem Engel ist gegenüber dem Vorbild intensiviert – eine neue Einheit, verstärkt wird diese zusätzlich durch die beiden gleich gehaltenen Spruchbänder mit den Legenden zu den Dargestellten: Das linke mit Riccos Signatur und der Datierung lokalisiert Martin nach Vucherens – in ein Nachbardorf von Ropraz, wo eine Kartbahn ist: Das rechte gibt die Herkunft des übernommenen Bildes preis. Ricco geht hier sehr frei mit dem Grössenverhältnis um, das Elsheimer-Bild misst im Original nur gerade 19,3 x 27,6 cm. Gewiss spielt für diese Bildkombination auch die inhaltliche Komponente eine wichtige Rolle: Immerhin sollte nach der Legende ja der Fisch Tobias gegen die tödliche Wirkung des Dämons seiner zukünftigen Ehefrau schützen und ihn die Hochzeitsnacht glücklich überleben lassen.

Hier zeigt sich noch einmal der grosse Unterschied in der Bildauffassung vom frühen zum reifen Werk: Es gibt ganz früh – um 1940 – schon ein Bild von Tobias mit dem Engel. Damals war die Legende noch als eigenständiges Bildthema möglich: zwar liebt der reife Maler die Legende als solche noch immer, aber er erlaubt sich deren Darstellung nur noch

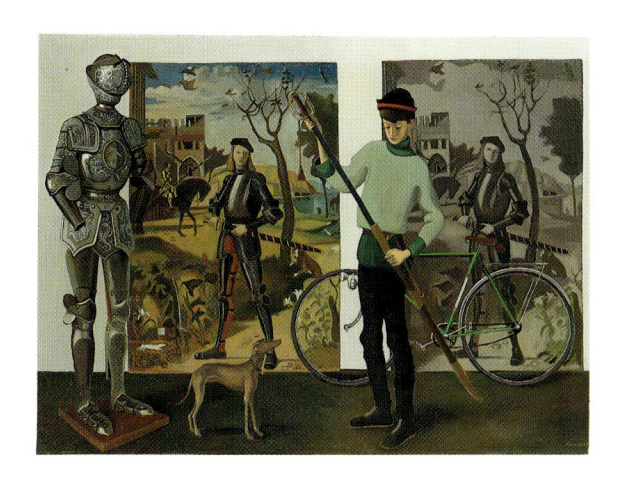

Les chevaliers. 1965
73 x 100 cm
Sammlung Martin, Bern

Martin et Tobie. 1966
72,5 x 100 cm
R. W., Zürich

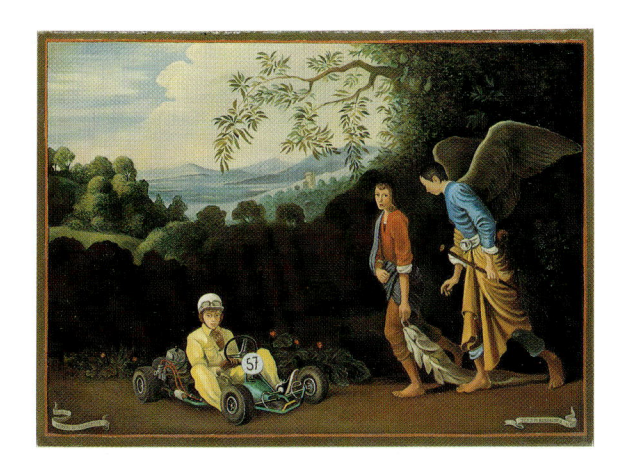

L'ami du lévrier. 1967
64,5 x 80 cm
PB Gerzensee

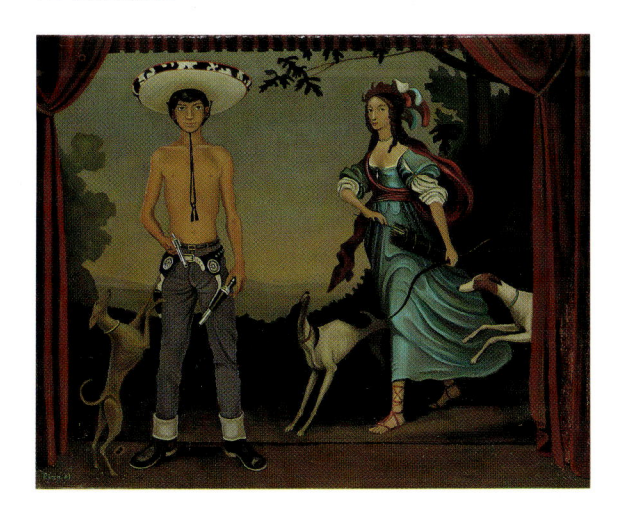

Fotografische Studien
zu «Les chevaliers»
12,6 x 17,5
und 17,5 x 12,6 cm

Tobias und der Erzengel
Raphael. Um 1940
Fotografie aus dem
Œuvre-Katalog

Fotostudie zu «Zizi»
und «L'ami du lévrier»
19 x 8 cm
(Foto-Nachlass)

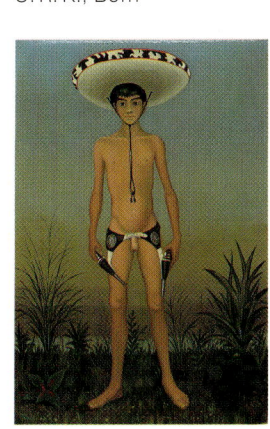

Zizi. 1967
73 x 49,5 cm
U. R. K., Bern

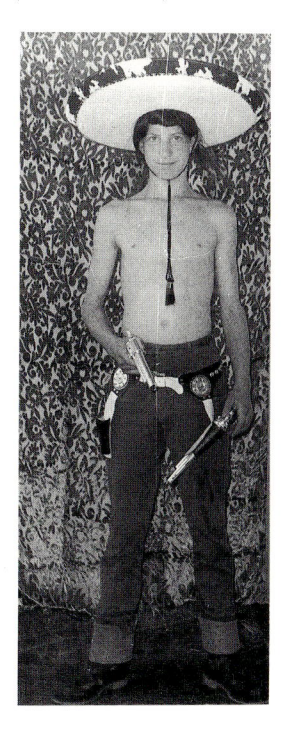

distanziert als Bild-im-Bild. Der grosse Unterschied zur Pop Art liegt zuerst in der sehr differenzierten Wahl der zitierten Vorbilder, die Ricco als grossen Kenner der Geschichte der Malerei ausweisen. Tatsächliche Pop Künstler, wie Mel Ramos zum Beispiel, ziehen für ihre Konfrontation von Trivialszenen mit Darstellungen der klassischen Malerei meist Bilder heran, die als Standards zum allgemein bekannten Bildergut gehören.

Im Bild «L'ami du lévrier» stellt Ricco einen jugendlichen Pistolero mit einem Windhund vor eine von Windhunden begleitete Diana der Ecole de Fontainebleau. Den Pistolenheld «Zizi» gibt es auch als eigene Darstellung in einer Landschaft. Was bei «L'ami du lévrier» auffällt: Ricco behauptet hier, im Unterschied zu «Martin et Tobie» etwa, keine einheitliche Realität, sondern er trennt eindeutig die Bild- von der Bild-im-Bildebene: durch die Vorlage links und rechts gibt er die Situation als Theaterarrangement zu erkennen und verhindert damit die Illusion einer tatsächlichen Begegnung von Pistolero und göttlicher Jägerin.

Im «Von-Wattenwyl-Bild» von 1967 (siehe Abb. S. 121) lässt Ricco zwei über Jahrhunderte hinweg miteinander verwandte Mitglieder der gleichen Familie sich begegnen: Peter von Wattenwyl, der damals 25-jährige Maler, ganz Kind seiner Zeit und Don Carlos, sein Urahne, seines Zeichens vormaliger Vizekönig von Navarra und Gouverneur von Pamplona. Die Skepsis der Dargestellten ist gegenseitig, die nahe Verwandtschaft des Familienwappens mit dem Zeichen auf dem Rücken der Töffjacke ein schöner Zufall. Zwei «Ritter», oder übertragen: ein Begriff und seine Metapher begegnen sich.

In einer umfangreichen Werkgruppe, die bald nach seiner Zeit als Seefahrer einsetzt, arbeitet Ricco mit Vorbildern aus der Marinemalerei. Die inhaltliche Komponente seiner zahlreichen Schiffsbilder – seien es Modelle oder wirkliche Schiffe, meist Segelschiffe – ist klar: Sie dienen Ricco als Projektionsträger seines Fernwehs. Darüber hinaus mag ihn fasziniert haben, dass die Marinemaler ihren gegenständlichen Vorwurf, das Schiff, oft als eigentliches Porträt auffassten. Bei zahlreichen Bildern aus der Marinemalerei finden wir vor dem Namen des abgebildeten Schiffes den Zusatz «Porträt». Ricco hat mehrere solcher Schiffsporträts nach Abbildungen nachgemalt und diese «Kopien» auch in seinen Werkkatalog (im Anhang seines Buches von 1969) aufgenommen (vereinzelt fanden dort auch Kopien aus seiner Frühzeit Aufnahme, so zum Beispiel eine nach Vigée-Lebrun). Solche zeigen «Ship Aurora» oder «U.S.S. Constellation». Meist aber verwendet er solche Vorlagen als Bild-im-Bild, sei es als klar definierte Gemälde an der Rückwand eines Innenraumes mit einer anderen Szene im Vordergrund – oft Knaben mit Modellschiffen –, sei es, dass er sie nicht als Gemälde ausweist, sondern sie illusionistisch als tatsächlichen Hintergrund der vorderen Szene zuordnet und damit alle Bildelemente innerhalb der gleichen Realitätsebene behandelt, wie zum Beispiel in «Conversation devant New York» oder «L'autre rêve de l'autre marin» (siehe Abb. S. 127). Die gleichen beiden Prinzipien, jenes der klaren Trennung der Realitätsebenen einerseits und jenes der Verwischung der Grenzen zwischen Bild und Bild-im-Bild anderseits, haben wir auch bei «Les chevaliers» und «Martin et Tobie» zum Beispiel festgestellt.

Die Vorbilder zu Riccos Darstellungen mit Schiffen lassen sich präzis bestimmen; dies gilt für die eigentlichen Porträts von Schiffen ebenso wie für jene Bilder, in denen der Maler ein Gemälde mit einem Schiff als Hintergrund für eine andere Szene einsetzt. Vorbild zu Riccos «Ship Aurora» bildet das gleichnamige Bild von S. Walters, entstanden um 1870 (Whaling Museum, Newport News, Virginia). Die Vorlage zum Hintergrund von «La tempête» finden wir im 1859 von C. L. Weyts gemalten Bild «Land Wursten», jene zu «Conversation devant New York» im Gemälde «Der Dreimaster 'Willy' vor New York» eines unbekannten Malers um 1860 (beide Morgenstern-Museum, Bremerhaven). Wir reproduzieren diese Vorbilder aus: Hans Jürg Hansen. L'Art dans la Marine. Art et artisanat des gens de mer. Paris 1966.

Riccos Bezeichnung auf der Rückseite von «U.S.S. Constellation» lautet: «U.S.S. 'Constellation' launched 1797. Painted by J. H. Wright. The frigate in a gale in the Greek archipelago. 1833. Repainted by Ricco 10. january 1963 and november 1964». Das Bild von J. H. Wright befindet sich im Boston Museum of Fine Arts, Ricco dürfte sich auf die hier reproduzierte Wiedergabe aus «Life» gestützt haben.

Ship Aurora. 1968
60 × 73 cm
Sammlung Martin, Bern

S. Walters:
Aurora. Um 1870

La tempête. 1966
60 × 80 cm
M. W., Goldach

2 fotografische Studien
zu «La tempête».
16,8 × 12
und 12 × 16,8 cm
(Foto-Nachlass)

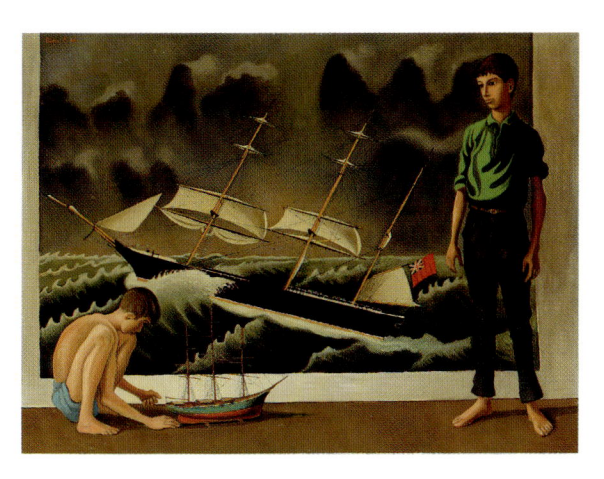

C. L. Weyts:
Land Wursten. 1859

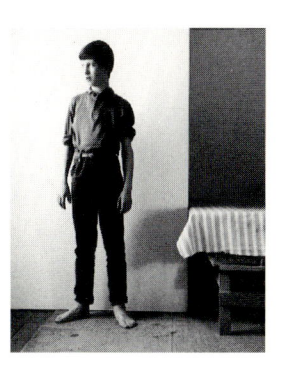

U.S.S. Constellation.
1963/64
60 × 92 cm
M. W., Goldach

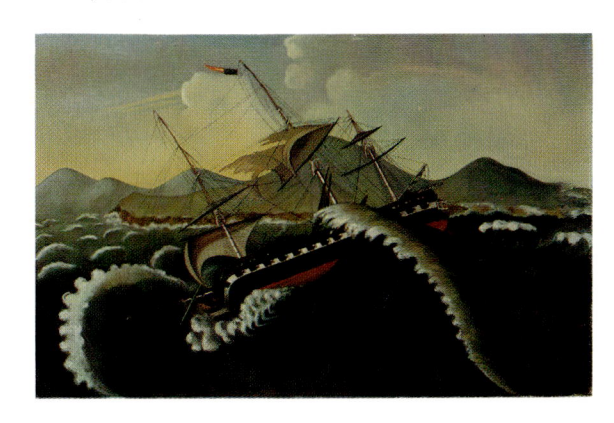

J. H. Wright:
U.S.S. «Constellation».
1833

Das Bild als Heimat des heimatlosen Malers

Riccos Bilder berichten von der Kluft und der Unvereinbarkeit zwischen dem Traum vom Idealen und der Alltagsrealität. Sie entstehen aus dieser schmerzlich empfundenen Spannung; sie ist dem Künstler Schaffensantrieb. Ein Schlüsselbild für diese Charakterisierung von Riccos Malerei bildet das Gemälde mit dem ebenso einfachen wie umfassenden Titel «Le cadre», in dem Ricco den Traum, das Idealbild unvermittelt als Gemälde vor dem tagträumenden Knaben erstehen lässt. In einer öden Vorstadt- und Industrielandschaft erscheint dem Knaben das Bild mit dem mittelalterlichen Schloss im Hintergrund; der höfisch gewandete Jüngling im Vordergrund des Bildes-im-Bild verlässt eben seine schöne Umgebung, er ist im Begriff, seinen Rahmen zu verlassen und ins Bild überzutreten. Der Gehalt des Bildes liegt in der Spannung des Übergangs von der «Unbedingtheit der Welt des Kindes in die Relativität der Welt der Erwachsenen»[3], in dieser schmerzlichen Erfahrung der Pubertät. Exemplarisch und knapp ist der Sinngehalt von Riccos Schaffen in diesem einen Bild zusammengefasst. In der Schilderung dieser Erfahrung steht sein Werk, wir haben ausführlich darauf hingewiesen, in nächster Nähe zum Roman «Le grand Meaulnes»; jener Satz, mit dem Ernst Schoen die dichterische Leistung von Alain-Fournier ebenso knapp wie treffend charakterisiert, trifft gleich präzis auf Riccos Kunstwollen zu. «Und so kann man sagen, es ist seine dichterische Leistung, dass er es vermocht hat, sein – und unser – Begehren zu erfüllen, sich für die Länge eines Augenblicks in das Erlebnis der Kinderheimat zu versenken.»[4]

Die schmerzlich erfahrene Unvereinbarkeit von unbedingtem Kindheitsideal und durch zahlreiche Sachzwänge und Kompromisse bedingter Erwachsenenrealität im tatsächlichen Leben: diese Spannung also steht hinter dem Schaffen von Ricco – und die tragische Erkenntnis, dass deren Aufhebung nur in der Kunst, nur im Bild, und damit: nur als Illusion möglich ist. Aufhebung ist hier durchaus im dialektischen Sinne gemeint: die antithetisch im einen Bild einander gegenübergestellten Elemente des Ideals und der Realität tendieren nicht zum Kompromiss, sondern wahren ihre jeweiligen Ansprüche und damit ihre Spannung.

Die ganze Tragik, die hinter dieser künstlerischen Erkenntnis steht, aber auch die schwierige menschliche Situation des Malers ist im wunderschönen Gemälde «Peintre et modèle» von 1957 aufgehoben, das als psychologisches Selbstbildnis des Malers und des Menschen interpretiert werden will. Der Maler und sein Modell im Atelier; keine Beziehung verbindet sie miteinander. Ricco hält in der Arbeit an einem grossen Bild inne, genauer: an einem durch einen Rahmen vom Grossformat abgehobenen Bild-im-Bild (einem «Jean du Phare» sehr verwandten; siehe Abb. S. 99). Vorgegebene Realität und innere Bildrealität gehen ineinander über: durch das Tau, das vom Anker, Riccos Zeichen, zum Modell führt und durch ein auf einer Staffelei stehendes zweites Bild, dessen Dargestellter: der uns bekannte Harlekin, seine Hand zärtlich und tröstend auf des Malers Schulter gelegt hat. An der Atelierwand Bilder von Schiffen und ein «Porträt» von Riccos Ford Thunderbird vor aufragenden Segelmasten.

Es ist eine hermetische Welt, von der diese Malerei berichtet: Nur in ihr, der künstlichen Situation, lassen sich die Gegensätze aufheben.

3 Ernst Schoen in der Einleitung zu: Jugendbildnis Alain-Fournier. Briefe, ausgewählt, übersetzt und eingeleitet von E. S., Berlin und Frankfurt a. M. o. J. [1954], S. 7

4 wie Anm. 3, S. 12

Conversation devant
New York. 1967
81,5 x 100 cm
PB Bern

Der Dreimaster
«Willy» vor New York.
Um 1860.
Maler unbekannt

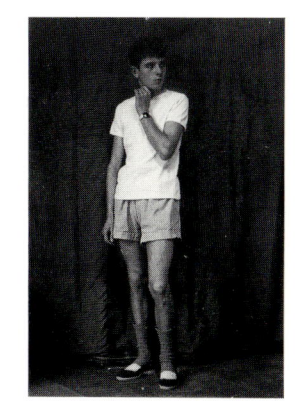

Beispiel aus den fotografischen Studien zu
«La conversation devant New York».
17,7 x 12,4 cm
(Foto-Nachlass)

Le cadre. 1954
Grösse unbekannt
Besitzer
unbekannt (USA)

Keine Beziehung, wie gesagt, zum tatsächlichen Modell, aber eine tief empfundene Liebe zur Kunstfigur: Ricco, der Seefahrer-Maler, als Pygmalion.

1984 wurden Bilder von Ricco in der Ausstellung «Das Prinzip Hoffnung. Aspekte der Utopie in der Kunst und Kultur des 20. Jahrhunderts» im Museum Bochum gezeigt. Zu Recht, entsteht utopisches Drängen doch aus dem Vergleich von Realität und Ideal. In seinen Bildern findet Ricco, der heimatlose Maler, seine Heimat – und Heimat meint bei Ricco durchaus das, was Ernst Bloch im Schlussatz von «Das Prinzip Hoffnung» metaphorisch so umschrieb: etwas nämlich, «das allen in die Kindheit schien und worin noch niemand war».

Peintre et modèle. 1957
97 x 130 cm
PB Bern

Modell im Atelier.
Um 1955
Foto. 9,8 x 12,6 cm
(Foto-Nachlass)

In den Jahren bis 1942 entsteht eine inhaltlich wie formal recht einheitliche Werkgruppe, in der sich Ricco vor allem der Darstellung von Themen aus seiner Kindheit und Jugend auf Schloss Bremgarten widmet. Die schöne Erinnerung wird zu poetisch-märchenhaften Bildern verdichtet, aus einer überhöhenden, verklärenden und undistanzierten Sicht zurück entstehenden Werke, in denen das Paradies noch nicht verloren erscheint. Im Dienste solcher Bildwirkung steht der bewusste Einsatz einer naiven, sich mittelalterlich gebenden Bildsprache.

(Sofern nicht anders vermerkt, handelt es sich bei der Technik um Oel auf Leinwand.)

Ohne Titel. 1937
33 x 46 cm
M. W. Goldach

Ohne Titel. Um 1937
38 x 61 cm
PB Bremgarten

44

Bremgarten. 1935
54 x 65 cm
M. W. Goldach

Fest im Schloss. 1934
40 x 50 cm
R. W. Zürich

Fest im Schloss. Um 1935/36
55 x 46 cm
M. M. Bern

Fest im Schloss Bremgarten. Um 1938
21,5 x 17 cm
PB Bern

Fest im Schloss Bremgarten. 1938
Oel auf Holz
54,5 x 38 cm
F. W. Ennetbaden

Ohne Titel. 1937
55 x 38 cm
Sammlung Martin, Bern

Denn alle Lust will Ewigkeit. 1937
81 x 65 cm
K. W. Ennetbaden

Moderner Sebastian (Der Glaube). 1942
75 x 74 cm
Familie Martz

Das Mädchen und der Totengräber. Um 1937
92 x 65 cm
Familie Martz

Bildnis einer jungen Frau mit Medaillon. Um 1942
Oel auf Karton
23 x 20 cm
M. M. Bern

Selbstbildnis. Um 1942
Oel auf Karton
20,5 x 15 cm
Sammlung Martin, Bern

Ricco sui ipsius. 1942
89 x 109 cm
E. und M. Guidi, Ascona
(Foto: Alberto Flammer, Losone)

Innerhalb des frühen Schaffens, dem wir die Werke bis ca. 1946 zuordnen, erscheint das Jahr 1942 als deutliche Zäsur, die exemplarisch durch zwei Selbstbildnisse markiert wird. Das inhaltlich anspielungsreiche und symbolbeladene Gemälde «Ricco sui ipsius» kann als Schlussbild der ersten Werkphase gelesen werden, als Abschluss auch der unvermittelten, verklärten Darstellung von Themen der Kindheit. Im zweiten Selbstbildnis, das im Sommer jenes Jahres bei Cuno Amiet auf der Oschwand entsteht, fehlt alles Symbolistische. In den folgenden vier Jahren konzentriert sich Ricco fast ausschliesslich auf das meist kleinformatige Stilleben.

Selbstportät mit Bart. 1942
77 x 59,5 cm
K. W. Ennetbaden

Einsiedelei Oberramsern. 1943
50 x 61 cm
PB Bremgarten

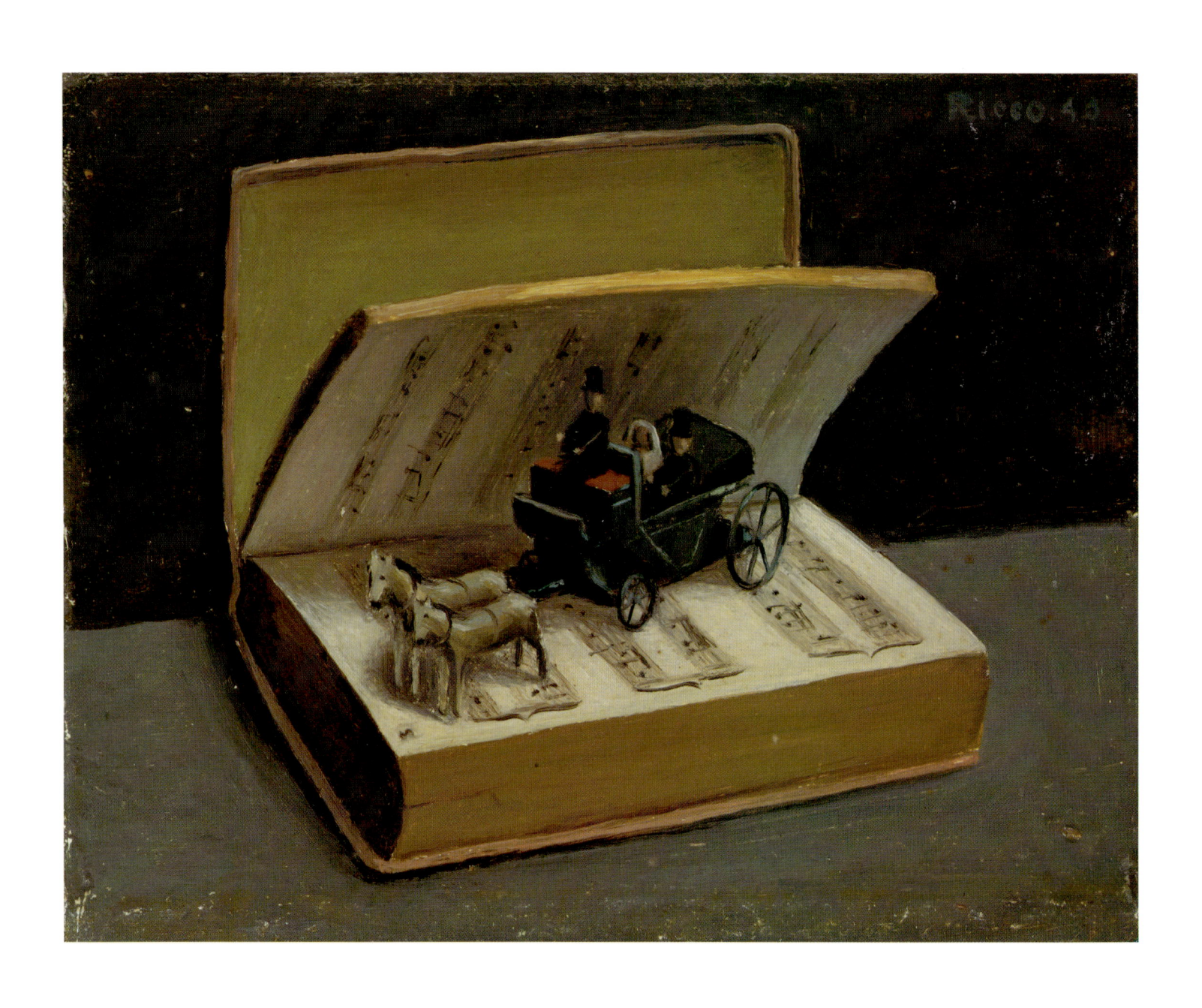

Stilleben, Gesangbuch und Kutsche. 1943
12 x 15,5 cm
PB Bern

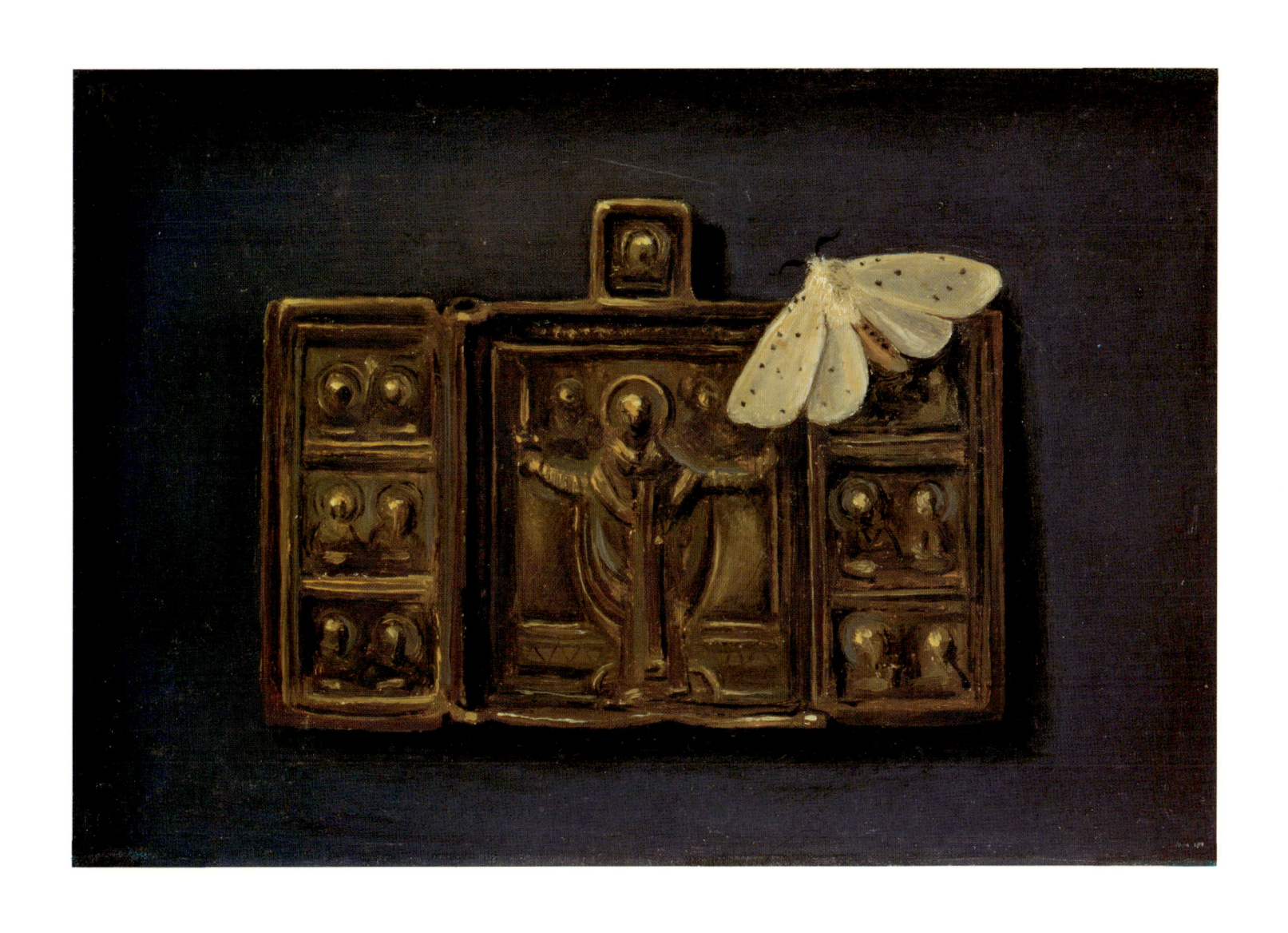

Ikon mit Schmetterling. 1943
Oel auf Karton
12 x 18,5 cm
PB Bremgarten

Stilleben trompe l'œil. 1944
50 x 61 cm
PB Bremgarten

Kolibri II. 1944
26 x 35 cm
Familie Martz

Kleiner blauer Vogel. 1946
18 x 15 cm
PB Bern

Stilleben mit Spielkarten. Um 1950/51
18 x 65 cm
M. M. Bern

Der grüne Vogel. 1945
Oel auf Pavatex
50 x 60 cm
Konsvervatorium Bern

Der Abschluss des frühen Werkes fällt zusammen mit dem Kriegsende und der neuen Möglichkeit, zu reisen. Die ersten Bilder des reifen Werkes mit Schiffen und Matrosen zeugen vom Fernweh Riccos. Nach einem längeren Aufenthalt auf Tahiti fährt er 1948 zur See. Sein Motivschatz wird um exotische Sujets bereichert. Obwohl sich Ricco in seinem ganzen Folgewerk noch immer mit Themen der Kindheit und Jugendzeit beschäftigt, ist der Bruch zum Frühwerk offenbar: Die poetisch eingekleideten Kindheitserlebnisse sind ihm nicht mehr unvermittelt darstellbar, sondern werden jetzt meist als Bild-im-Bild explizit thematisiert. Noch erinnert Ricco sich der zauberhaften Welt der Kindheit, aber er hat erkannt, dass dieses Paradies ein unwiederbringlich verlorenes ist. Daraus resultiert die Atmosphäre der Melancholie und der leisen Trauer, die seine Darstellungen bestimmt.

La gazette. 1945
48,5 x 59,5 cm
PB Bremgarten

La jolie cannotière. 1947
35 x 100 cm
Staat Bern

Pereoo Faraoa. 1948
60 x 80 cm
R. W. Zürich

Les deux vahinés. 1948
65 x 97 cm
Stadt Bern
(Foto: Rolf Schläfli, Bern)

Moana. 1950
81 × 60 cm
PB Bern

Marchand devant miroir Bombay. 1950
53,5 x 43 cm
PB Gerzensee

Nine twentyseven. 1950
74 x 100 cm
PB Bern

Le marin menteur. 1950
38 x 55
PB Bern

A. Rimbaud: Enfance. 1952
80 x 100 cm
PB Gerzensee

Der Erzähler. 1952
100 x 73 cm
PB Zürich

M. Y. W. 1950
73,5 x 100 cm
PB Bern

La fin de l'escale. 1951
81 x 60 cm
Eigentum der Schweiz. Eidgenossenschaft
(Foto: Rolf Schläfli, Bern)

Nature morte au crayon. 1953
42,5 x 53 cm
K. W. Ennetbaden

Nature morte marine. 1955
100 x 73,5 cm
Öffentliche Kunstsammlung Basel, Kunstmuseum
(Foto: Martin Bühler, Kunstmuseum Basel)

Le rêve de l'autre marin. 1956
60 x 81 cm
PB Bern

Endymion. 1954
100 x 81 cm
Sammlung Martin, Bern

La foire. 1957
81 x 100 cm
PB Bern

Auautoto. 1954
73 x 91 cm
J. Mürner, Bern

Place du Midi (Antiquités). 1956
73 x 92 cm
PB Zürich

86

Marché aux puces. 1956
73 x 92 cm
PB Bern

La permission. 1954
100 x 73 cm
Familie Martz

Le toucan. 1951
92 × 65 cm
Staat Bern

La faim. 1955
81 x 116 cm
M. M. Bern

La soif. 1955
81 x 111,5 cm
PB Bremgarten

Explicativ (pour faire voir). 1956
92 × 73 cm
E. S. Bern

Das Bildnis. 1955
100 x 81 cm
PB Bremgarten

Bildnis Frau Dr. B. 1956
73 x 100 cm
Lisbeth Bäny, Aarau

Le lis. 1958
41 x 27 cm
PB Davos

Fig. 89 – 93. 1957
81,5 x 101,5 cm
Sammlung Martin, Bern

Je n'en peux rien. 1958
97 x 129,5 cm
Tiefenauspital Bern

Peintre et modèle. 1957
97 x 130 cm
PB Bern

Jean du phare. 1956
117 x 81 cm
PB Herrenschwanden

Le cerf-volant. 1957
89 x 116,5 cm
A. Hühnli, Unterseen

Tureby. 1957
116 x 82 cm
Monique und Fredy Ghielmetti, Bern

Die vier Jahreszeiten. 1950
81 x 130 cm
R. W. Zürich
(Foto: J.-P. Kuhn, SIK, Zürich)

Water-Music. 1959
97 x 130 cm
Familie Martz

Nature morte au chien. 1960
Oel auf Karton
29,5 x 41 cm
M. M. Bern

La poupée de mille francs. 1959
55 x 38 cm
PB Bern

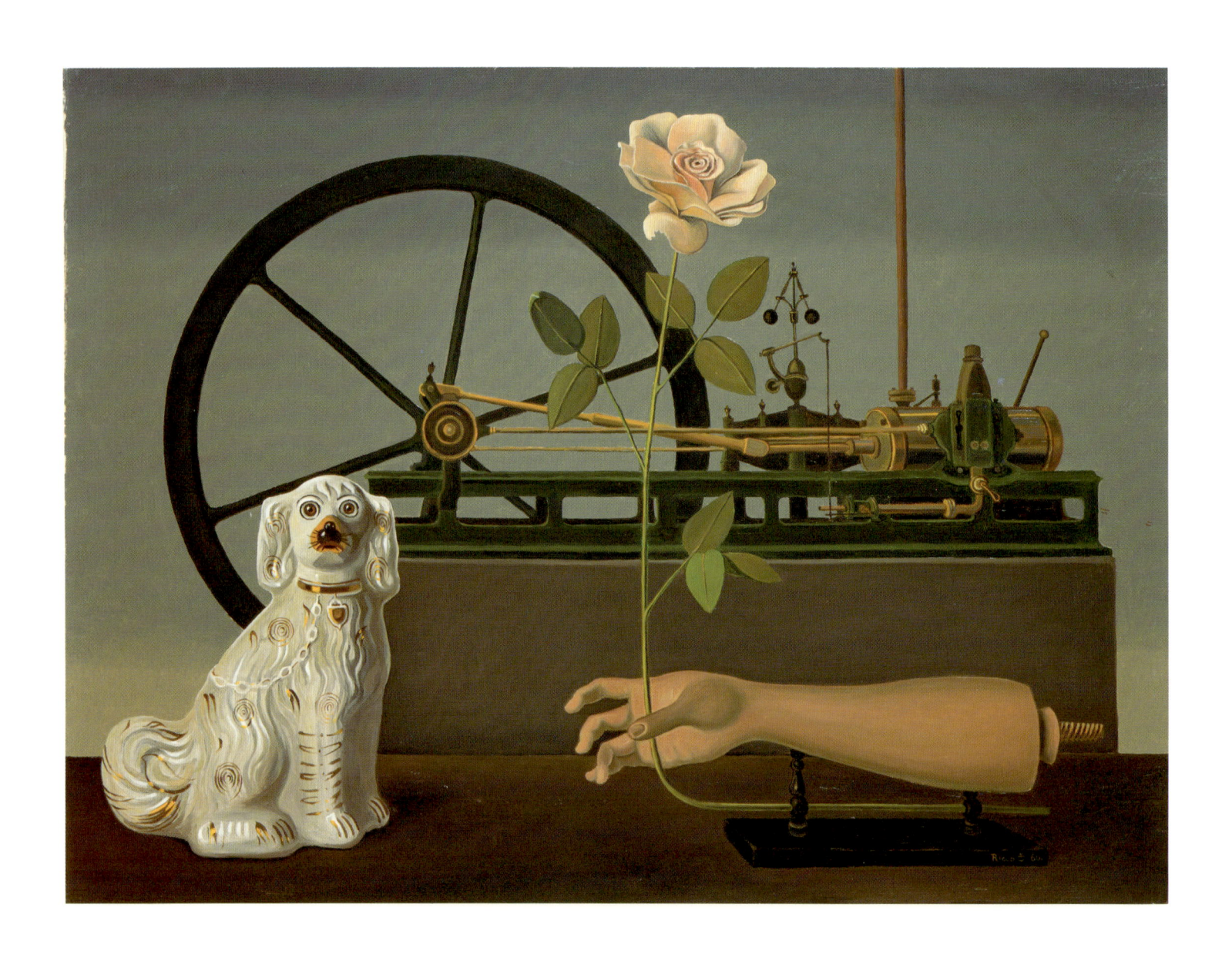

Essay No 16 (Rose). 1960
60 x 81 cm
PB Bern

Le beau. 1961
81 x 54 cm
PB Zollikofen

Pourquoi pas? 1957
38 x 55,5 cm
PB Bern

Le cheval du médecin. 1964
81 x 100 cm
F. W. Ennetbaden

Je ne sais pas pourquoi. 1961
89,5 x 116 cm
PB Bern

Et au fond Pradoline. 1962
73 x 92 cm
PB Bern

Magic Niki. 1962
81 x 100 cm
Atelier 5, Bern

Il est midi, Dr. Tinguely. 1964
196 x 114 cm
Staat Bern

Forio. 1965
65 x 92 cm
PB Bremgarten

Conservation devant New York 1860. 1967
81,5 x 100 cm
PB Bern

Les chevaliers. 1965
73 x 100 cm
Sammlung Martin, Bern

Tant de cheveaux. 1965
80 x 114 cm
PB

Grapeshot. 1964
65 x 81 cm
Sammlung Martin, Bern

Sir David Scott. 1966
82 x 117 cm
Sammlung Martin, Bern

Martin et Tobie. 1966
72,5 x 100 cm
R. W. Zürich

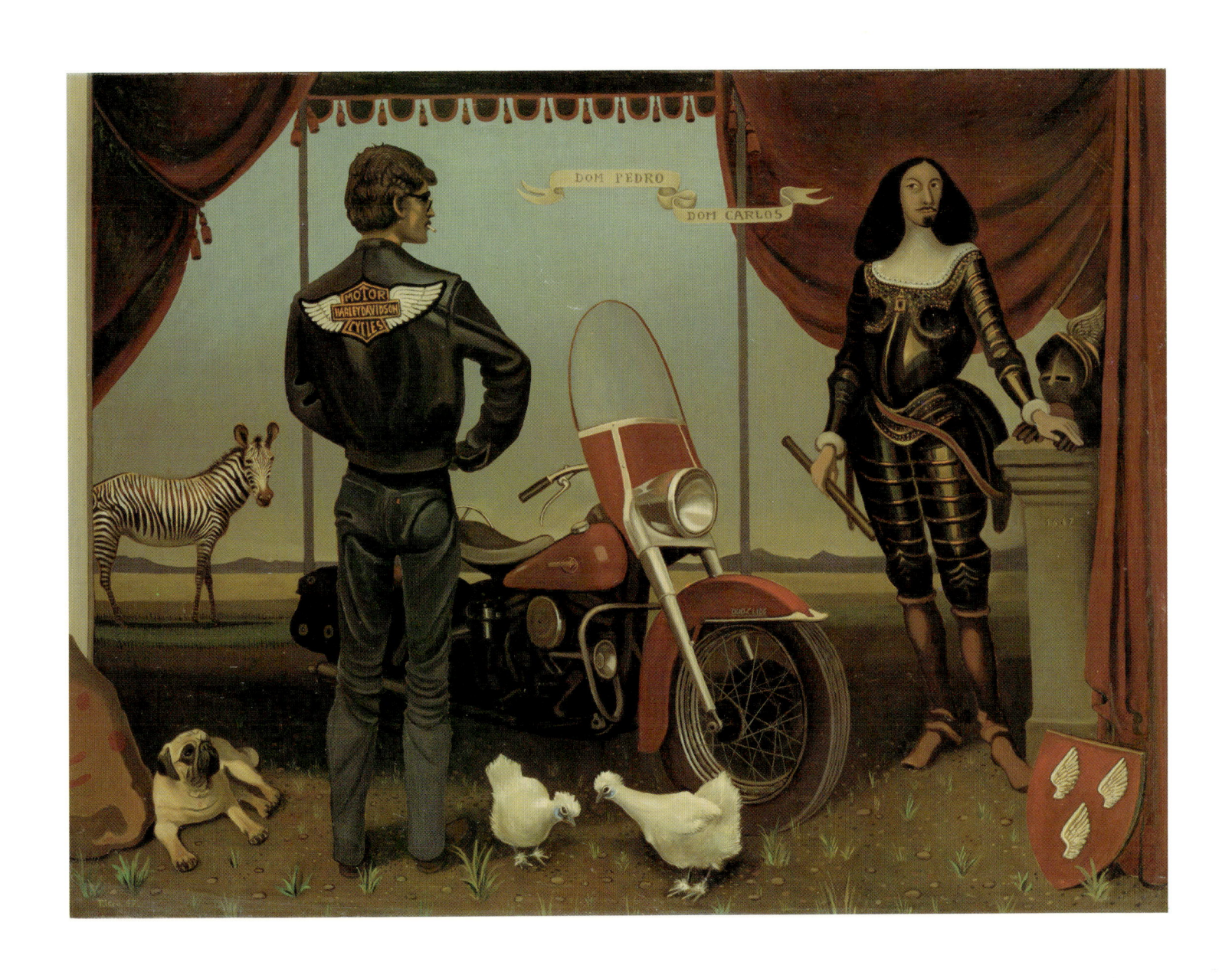

Von-Wattenwyl-Bild. 1967
97 x 130 cm
Staat Bern

Prisza. 1967
81 x 100 cm
Eigentum der Schweiz. Eidgenossenschaft
(Foto: Rolf Schläfli, Bern)

Penang. 1967
60 x 73 cm
Familie Martz

Thailand. 1966
60 x 92 cm
PB Zürich

Les coquillages. 1968
74 x 100 cm
PB Bremgarten

Le beau rouge. 1969
46,5 x 61,5 cm
PB Bremgarten

L'autre rêve de l'autre marin. 1968
81 x 116 cm
Familie Martz

## Riccos Widu Gallery

Willy Weber

Es gäbe viele Geschichten zu erzählen über die zahlreichen Wochenenden, die ich bei Ricco im Schloss verbrachte, aber gerade eine hat doch mit dem Malen und mit Riccos Leiden sowie auch mit einer Ausstellung zu tun.

Ricco war also wieder einmal durch seine Krankheit im Schaffen gelähmt und ich sann, wie ich ihn aus seiner Lethargie herausholen könnte, oder wie ich sogar versuchen könnte, ihn zu «beflügeln». Da ich wusste, dass er mir auf die Aufforderung zu malen nur ausweichend mit «Ich habe ja keine Motive und keine Modelle» antworten würde, ging ich gleich zum konkreten Angriff über und schlug vor, zwanzig typische Ricco-Ecken oder -Wände mit einer einfachen Blitzkamera aufzunehmen. Alle diese eingefangenen Gegenstände, frei von Ricco assembliert, strahlten so viel «Ricco» aus, dass es tel quel gute Bilder geben musste, und wir hätten noch gut ein halbes Dutzend dringend brauchen können für seine kommende Ausstellung in der Kunsthalle in Bern. Nach einem Whisky und einer von mir eindringlich geführten Diskussion kamen wir nun überein, dass er sich der Fotos annehmen würde. Ich war dann doch etwas erstaunt, als Ricco mich nach etwa zwei Wochen bat, die Fotos mit einem goldenen Klebestreifen einzufassen, so dass sie fast wie gerahmte Bilder aussahen. Mein Erstaunen war jedoch noch viel grösser, als ich nach zwei weiteren Wochen schon von Ricco erfuhr, die Arbeit sei fertig. Ich dachte mir, na ja, er wollte wohl meinem Drängen ein Ende setzen und hat es schnell hinter sich gebracht. Was ich dann mit allergrösstem Erstaunen sah, können Sie sich ja sicher vorstellen: alles schön vereint auf einem der gewiss aussagestärksten Bilder: aber eben auf nur einem Bild – der Widu Gallery.

Widu Gallery. 1969
89 x 116 cm
PB Bern

Jean du Carrousel                                                        Harald Szeemann

Ricco hat im Rahmen der Weihnachtsausstellung der Berner Künstler
1955/56 den Kunstpreis der Stadt Bern erhalten. Riccos Bilder haben
mir stets gefallen als gemalte Geschichten eines Bescheidenen im Leben,
der Unbescheidenheit der Phantasie für sich beanspruchte. So auch
«Jean du Carrousel», das ich in meinem Einmanntheater (Première
5. Januar 1956 im Kleintheater Kramgasse 6) als Hintergrund für die
Nummer «Prix d'Arr», einer Mischung aus Poesie zur Einstimmung, Gro-
teske im Verbalen und Poesie zum Ausklingen, verwendete: «Décor:
rechts Rednertribüne; Hintergrund mit ausgeschnittener Silhouette des
Knaben; das Bild Jean du Carrousel von Ricco; keine Kopie, aber eine
Variation.» Der Text des Knaben war umwerfend:

«Me voilà
Je suis Armand
Tout le monde m'appelle Armand
Tout simplement Armand
Ça, c'est comme vous voulez,
Un carrousel dans une immense et vaste plaine sans arbre
Mais moi, je suis Armand
Tout simplement – Armand.»

Dann wurde es finster und ein horribler Festredner quasselte und
schloss mit der Charakterisierung der neuen Kunstpolitik des Bundes:
«Man kann nicht mit der neuen Zeit schlafen und gleichwohl dagegen
sein.»

«Wieder finster. Dann hell. Armand ist auf der Bühne:

'Je suis Armand
Je m'en fous de tout ce cirque
Vraiment.
Je m'en fous
Cela m'emmerde.
Je suis Armand
Je rentre chez moi.'

Langsam kniet er wieder ins Bild.
Widerstände wegnehmen.
Finster.
Vorhang.»

Ricco sagte mir nach der Vorstellung, dass ihm die Variation sehr gefallen habe. Er war einer der Bescheidenen und Versöhnlichen, und ich
freue mich, dass er heute wieder ausgestellt wird. Seine Geschichten in
Bildern sind Nah- und Fernweh.

Jean du carrousel. 1955
89 x 116,5 cm
PB Zürich

Harald Szeemann 1956
in seinem Einmann-
theater vor dem Bühnen-
bild nach Riccos
'Jean du carrousel'.
(Foto: Kurt Blum, Bern)

# Ricco, Anker und Pfau

Lilly Keller-Grieb

Wer sich tätowieren lässt, begeht etwas Endgültiges. Ricco hat seinen Anker auf dem Arm getragen und sich so für immer dem Meer verschrieben, dem Abenteuer, dem Segelschiff. Der Anker bedeutete ihm Weite, Sehnsucht, Fahrten auf der Südsee, Palmen und vogelreiche Küstengebiete. Mir ist nicht bewusst, ob er je Pfauen malte, aber sie fehlten nie in seinem Leben. Schon seit Kindheit waren sie ihm vertraut. In Bremgarten bereits stolzierten sie im Park umher und später im französischen Bompré. Als Ricco 1963 in die Schweiz zurückkam und sich in der Nähe von Toni und mir niederliess, waren auch die Pfauen wieder da, und er fütterte sie mit feinen Biscuits. Nur – hier war alles komplizierter als in Frankreich. Der Pfau ist keine Mode. Der sogenannte Todesschrei der Pfauen macht jeweils Heimweh, wenn wir ihn ausserhalb von Zuhause hören. Wir wussten auf alle Fälle, was wir mit und an ihnen hatten. Ricco gefielen sie sicher, weil sie elegant auf- und abspazieren und in der Balzzeit das Rad schlagen. Man kann sie nicht mit Gewalt an sich binden, noch sie beherrschen. Eigentlich sind sie totale Aussenseiter und viel zu auffällig für unsere Gegend. Pfauenbesitzer werden mit schrecklichen Ereignissen konfrontiert, und es lässt sich nicht ändern: Der Pfau nützt nichts, er ist zu teuer, um gegessen zu werden, er legt keine Eier und hat einen durchdringenden Schrei – was soll's? Das einzig Positive des Pfauen ist sein wunderbar schillerndes Gefieder. Die Federpracht erneuert sich jedes Jahr, von der kleinsten blauen bis zu den langen Schwanzfedern.

Ricco hat es meisterhaft verstanden, Visuelles, Vergängliches, aber auch das Alltägliche in seine Bilder zu übersetzen. Er benötigte kein Rezept, um seine Welt so zu gestalten wie er sie brauchte. Sein Werk ist in gewissem Sinne ein Gesamtkunstwerk. Sogar den Anker mit seinem Namenszug liess er in verschiedenen farbigen Ziegeln auf seinem Hausdach montieren. Das Meer, die Gezeiten, die Jahreszeiten und die ganze Fülle der Motive, Bilder, Puppen, Bücher vereinigen sich in seinen Bildern. Die Knaben kamen und gingen, wurden aufgefangen wie Vögel, für kurze Zeit festgehalten und mit Farbe auf Leinwand gebannt. Sie wechselten den Raum, die gemalte Kulisse. Umgeben von Holzpferden, Schiffen, Puppenstuben, Marionetten. Der Raum schlussendlich als Himmel. Die Begrenztheit, das Meer, der Matrose, die Erotik, Raum im Raum. Eine künstliche Welt, eine Welt, in der sich Ricco geborgen fühlte.

Durch sein Affenbild, das ich täglich sehe, denke ich oft an Ricco. Auch wenn wir die langen Winterabende ohne ihn verbringen müssen, ist er mir doch ganz gegenwärtig, ja, ich weiss gar nicht mehr, wie lange er uns schon fehlt. Besuchte er uns, in seinem eleganten Thunderbird, sagte er oft: «Jetzt bin ich wieder mal im Wilden Westen». Verlottert und wild ging damals alles seinen Lauf. Nicht mehr so vergammelt ist es heute, aber wir sind ohne Ricco auch einsamer.

Der Gieu u d'Iffle. 1966
162 x 130 cm
PB Grieb-Keller, Montet-Cudrefin

Die späten Jahre  Max Altorfer

Meine wohl stärksten Erinnerungen an Ricco verbinden sich mit dem alten Waadtländer Schloss Ropraz – bei Mézières – und seinem prächtigen Garten. Der Lebensweg des Malers hatte vom elterlichen Schloss Bremgarten über viele Wege und Umwege, über Meere und Kontinente, 1963 nach diesem letzten Zuhause geführt, wo er 1972 sein irdisches Dasein beschloss. Der Grandseigneur hatte dem schönen, schlossartigen Landsitz sein herrschaftliches Gepräge zu erhalten gewusst. Das grosse Haus barg alles, was an äussern Dingen Riccos Leben ausmachte. «L'enfant poète» hatte sich hier den seinem Wesen gemässen Rahmen geschaffen: Bilder, Kunstgegenstände, Schiffsmodelle, verschiedenartigste Souvenirs an die Stationen seines bewegten Lebens, an seine weltweiten Reisen vorab, umgaben ihn, von ihm liebevoll betreut, in den grossen Räumen. Alles trug seinen Stempel, war Ausdruck seiner mannigfaltigen Interessen. Im Garten, auf den man vom ebenerdigen Wohnzimmer aus sah, stand auf einem kleinen Gartentisch einer der in Bronze gegossenen Entwürfe zu Karl Geisers monumentalem Solothurner David. Ihn wünschte sich Ricco als Grabstein. Im ersten Obergeschoss des geräumigen Landsitzes hatte er sich eine grosse Stube als Atelier hergerichtet. Hier sah man seine letzten Bilder, in denen man noch einmal den schlanken, erwartungsvoll-fragend vor dem Leben und seinen Geheimnissen stehenden Knaben begegnete. Er hatte aufgehört zu malen – die Krankheit, die in seinen letzten Lebensjahren schwer auf ihm lastete, zwang ihn zum Verzicht. Die grossen Reisen lagen in weiter Ferne. An neue Fahrten war nicht mehr zu denken. Über allem lag eine leise Wehmut. Tröstlich aber blieb für den Maler selber wie für die Freunde die Gewissheit, dass er in seinem nun langsam zur Neige gehenden Leben mit grösster Folgerichtigkeit in überzeugendster Form gestaltet hatte, was ihm zu sagen aufgetragen war. Er war milder, nachsichtiger im Umgang mit seiner Umwelt und auch stiller geworden, wirkte abgeklärt und verdeckte mit lächelnder Überlegenheit den fortschreitenden Zerfall seiner Kräfte. Nach wie vor führte er als grossartiger Gastgeber ein offenes Haus. Ich erinnere mich stets der herzlichen Zusammenkünfte im Freundeskreis, die oft mit einem von seinem auch in kulinarischen Dingen bewanderten Bildhauerfreund Widu Weber bereiteten festlichen Mahl verbunden waren. Noch immer sehe ich Ricco vor mir, wie er, seiner qualvollen Atemnot zum Trotz, gelassen, überlegen und liebenswürdig wie stets am Gespräch teilnahm. Die weltmännische Allüre war ihm geblieben.

Es fällt nicht leicht, über Riccos Bilderwelt und sein malerisches Schaffen etwas Gültiges auszusagen. Man hat ihn oft den Surrealisten zuzuordnen versucht, eine Klassifizierung, die ihm jedoch kaum gerecht wird. Ricco war vielmehr ein sehr eigenwilliger, durchaus unabhängiger und letztlich zeitloser Künstler, der in jeder Hinsicht seinen eigenen Weg ging. Seine Bilder sind Ausdruck seiner Einsamkeit, seiner ihn in früheren Jahren oft quälenden Unbehaustheit. Nun war Ropraz ihm zur Heimat geworden: «Um wieder aufzuleben, bedarf es der Gnade, des Sich-Vergessens oder einer Heimat.» (Albert Camus, Heimkehr nach Tipasa). Am treffendsten hat Ricco und seine Kunst vielleicht – neben Arnold Rüdlinger – der Berner Kritiker Hans Hofer charakterisiert, der einmal schrieb, Riccos Bilder seien Sinnbilder persönlich erfahrenen, persönlich gestalteten Daseins. Vertrauen in einen letzten Zusammenhalt allen Geschehens leuchte in der Schönheit des Gemalten und der Malerei selber auf. Die Schönheit seiner Bilder berge vertraute Zeichen des Leidens, des Verfalls und des Todes. Und Peter Mieg bezeichnete Riccos Kunst einmal in einem Brief an mich zu Recht als eine höchst könnerhafte Malerei.

Im März des Jahres 1972 ging dieses reiche Künstlerleben zu Ende. An einem strahlenden Frühlingstag nahmen wir in Ropraz Abschied von dem vornehmen Menschen und grossen Künstler. Ricco wollte wie jeder andere Dorfbewohner zur letzten Ruhe geleitet werden, in der natürlichen Selbstverständlichkeit einfacher Menschen, die es mit heiterer Gelassenheit hinnehmen, dass das Leben einen Anfang und ein Ende hat. Auf dem Weg von der mit Blumen reich geschmückten Dorfkirche zum Friedhof von Ropraz begleitete mich eine wehmütige Strophe aus einem der Vergänglichkeit des menschlichen Lebens gewidmeten Gedicht, das Hermann Hesse, der Freund des unvergessenen Mäzens Max Wassmer – Riccos Vater – einst ins Gästebuch des Schlosses Bremgarten geschrieben hatte:

Und wenn wir dahin und vergessen sind,
wird immer noch in den schattigen Bäumen
die Amsel singen und singen der Wind
und drunten der Fluss an den Felsen schäumen.

Riccos malerisches Werk aber wird nicht vergessen werden. Es wird unsere Zeit überdauern und weiterleben.

Erinnerung an Ricco	Michael Stettler

Im kleinen Dorffriedhof von Ropraz liegt nah am überdeckten Eingang der Maler Ricco begraben. Den Platz mit seiner freien Sicht über die Hügel und Wälder zum Moléson hatte er selber bestimmt. Fernluft weht herüber, während der Waldrand dicht hinterm Grab sich steil in ein Bachtobel hinabsenkt.

Unweit steht das feste weisse Haus, das er in den letzten Jahren bewohnte, nachdem er es innen und aussen mit der ihm eigenen Sorgfalt hergerichtet hatte. Er lebte dort unter den waadtländischen Bauern des Jorat, zeigte sich ihnen zugetan, erwidernd gaben sie ihm das letzte Geleit, als er still, wie es seine Art war, aus dieser Welt gegangen war. Drei Wochen vorher hatte er sich in Erfüllung eines lang gehegten Wunsches endlich den alten Rolls Royce gekauft, den er nun nicht mehr selber steuern konnte; der Bildhauer Willy Weber trug den Kranken auf den Sitz und fuhr ihn, es war dessen letzte und einzige Ausfahrt darin. Nachher stand der Wagen in der Scheunendurchfahrt wie ein herrenlos gewordenes Pferd, derweil die Blumen und Kränze auf dem Grabe verwelkten.

Riccos Vater Max Wassmer war ein Mäzen und Freund der Künstler gewesen, in einem Gedicht Hermann Hesses an ihn steht der Vers: «Du warst ein Meister im Freudebereiten.» Er liebte Hodler und Amiet, wie Josef Müller förderte er die lebenden Maler des Landes; kaum anderswo waren René Auberjonois, Louis Moillet, Paul Basilius Barth und viele andere in so charakteristischen Werkreihen vertreten wie im alten Schloss Bremgarten auf der Aarehalbinsel bei Bern. Der gleiche Hesse hat die wundersame Atmosphäre von Riccos Elternhaus, die Gastfreundschaft, an der Maler, Musiker, Dichter gleichermassen teilhatten, in seiner «Morgenlandfahrt» verschlüsselt beschrieben:

«...dicht war da der magische Kreis um uns geschlossen. Von den Schlossherren Max und Tilli empfangen, hörten wir Othmar im hohen Saale auf dem Flügel Mozart spielen, fanden den Park von Papageien und anderen sprechenden Tieren bevölkert, hörten am Springbrunnen die Fee Armida singen, und mit wehender Locke nickte das schwere Haupt des Sterndeuters Longus neben dem lieben Antlitz Heinrichs von Ofterdingen. Im Garten schrien die Pfauen, und Louis unterhielt sich auf Spanisch mit dem gestiefelten Kater, während Hans Resom, erschüttert durch seine Einblicke in das Maskenspiel des Lebens, eine Wallfahrt an das Grab Karls des Grossen gelobte. Es war eine der Triumphzeiten unsrer Fahrt: wir hatten die Zauberwelle mitgebracht, sie spülte alles fort, die Eingeborenen huldigten auf Knien der Schönheit, der Schlossherr trug ein Gedicht vor, das von unsern Abendtaten handelte, dicht gedrängt um die Schlossmauern lauschten die Tiere des Waldes, und im Flusse bewegten sich blinkend in feierlichen Zügen die Fische und wurden mit Backwerk und mit Wein bewirtet.»

Aus:
Ortbühler Skizzenbuch.
Autobiographisches.
Bern, Verlag
Stämpfli & Cie AG 1972,
S. 209 – 215

Ricco freilich war anders, er war ein Einzelner. Die Umstände von Kunst und Leben, unter denen er aufwuchs, förderten aber den jungen Maler in ihm, der im Erlebnis eines Kunstwerks sich der eigenen Natur bewusst ward.
Der Vater schickte ihn auf die Oschwand zu Cuno Amiet, der ihn das Handwerk lehrte, ohne ihm eine fremde malerische Optik aufzunötigen. Denn Ricco hatte früh seine eigene Vision. Sie zielte in die Nähe und die fernste Ferne zugleich, zu Inseln und Meeren, die er nach dem Krieg als junger Mann befuhr und erfuhr, zuerst nach Tahiti, dann, als Seemann, von Hawaii nach Bombay und den arabischen Küsten entlang. Er kreuzte zwischen Japan und Kanada – den tätowierten Oberarm des damals so Kräftigen zierten fortan das Steuerrad und der Anker, mit dem er auch seine Bilder signierte wie weiland Niklaus Manuel die seinen mit dem Schweizerdolch. Fast zwei Jahrzehnte danach unternahm er nochmals eine Asienreise nach Thailand, Malaysia, Ceylon.

Dazwischen lebte er in einem alten Schloss bei Vichy und später in dem von ihm entdeckten Manoir zwischen Mézières und Moudon, wo ihn die Krankheit, ein Lungenleiden, allmählich, unaufhaltsam bezwang. In aller Stille war ihm aber ein Werk herangereift, das von den Wenigen liebevolle Zustimmung erntete. Es gab Leute, die zur Zeit der Weihnachtsausstellung in die Berner Kunsthalle pilgerten, um zu sehen, was Ricco seinem Werk an neuen Episoden hinzugefügt. Arnold Rüdlinger schrieb 1953 im Katalogvorwort zu einer dort von ihm veranstalteten Einzelausstellung Riccos:
«Sehnsucht und traumhafte Beschwörung sind der Antrieb seines Schaffens; der bildhaften Verwirklichung dieser Traumgesichte gilt seine ganze Leidenschaft. Sie kennt keine Probleme im spezifisch ästhetischen Sinn (…). Um es paradox zu sagen, es handelt sich um eine äusserst realistische, ja naturalistische Malerei – nur dass die Gegenstände nicht der Umwelt, sondern der qualvoll deutlichen Wunsch- und Phantasiewelt entnommen sind.»

Magisch-realistisch mehr als surrealistisch lebt die Welt Rimbauds und seines trunkenen Schiffes in Riccos Bildern auf. Aus den «Illuminations» hat ihn 1952 das Prosagedicht *Enfance* («Quel ennui, l'heure du 'cher corps' et du 'cher cœur'…») zu einer für ihn charakteristischen Komposition inspiriert; viel aus diesem fast unausschöpfbaren Gedicht kehrt darin wieder: Vor hohen Hecken im Garten das halberleuchtete Schloss mit der Aufschrift *A vendre*, die Wächterhäuschen mit der stehengebliebenen Uhr, die entlaubten Bäume, die roten Gestirne im Äther. Die zierliche verlassene Kalesche, die Treppe zur Gruft und die zauberischen Blumen davor, der Curé mit dem Schlüssel zur Kapelle, die kleinen Komödianten, und da, rechts, im hohen Lehnstuhl, der Strohhut darangehängt, er selbst, der Knabe, *Poète-Enfant*, er hat die Ellbogen auf seinen Schreibtisch gestützt, auf dem all die Bücher liegen *sans intérêt*…

Ein anderes Bild aus demselben Jahr nannte Ricco «Marché aux puces»: unter Kristalleuchtern eine offene Koje, in der sich aus Schränken und Truhen der Inhalt einer wahren Kunst- und Wunderkammer feil hält, Kaminböcke, Glasglocken, Vasen, Keramikhunde, Kerzenhalter, Geweihe, Waffen, Masken, Büsten, Vögel, aufgespiesste Schmetterlinge, Barometer und Uhren. Dazwischen, halb verdeckt, eine graue Dame, in der Mitte ihr Hündchen; vorn aber, auf einem alten Betschemel, sitzt in grünkariertem Hemd, kurzen blauen Hosen und Turnschuhen ein Junge, der auf den sehnigen Schenkeln einen Zweimaster hält, auf den er, in sich versunken, träumerisch hinabschaut, das Schiff bedeutet in all dem Kram einzige Wirklichkeit. Auf fast allen Bildern Riccos kommt dieser halbwüchsige Junge vor, er ist ihm die Verkörperung von Jugendsehnsucht und Fernweh. In «Le Rêve d'Alain» von 1958 liegt er auf dem Rücken im exotischen Gras, bunte Papageien bewachen seinen Schlaf, während über ihn hinweg ein Kampfflugzeug braust. Ein anderes Mal ist er der Schläfer Endymion. Müssig, träumerisch steht er, allein oder in der Gruppe, an Häfen und auf Werften herum, vor Seglern und Frachtern, die auch als Spielzeug und auf Gravüren den stets wiederkehrenden Hintergrund bilden. Als Matrose sitzt er verloren im verlassenen Strandcafé oder im Liegestuhl vor dem Leuchtturm. Als Zirkusakrobat springt er unterm Chapiteau über einen leuchtenden Löwen hinweg, dann wieder wandert er den Jahreszeiten entlang. Oft wird er mit der grausamen Vergänglichkeit in Gestalt von anatomischen Modellen, von Rosen, von Uhren konfrontiert, ja mit seinesgleichen aus früheren Jahrhunderten. Im «von Wattenwyl-Bild» von 1967 tritt dem zeitgenössischen jungen Künstler Peter von Wattenwyl an seinem Motorrad der Ahne Don Carlos, Vizekönig von Navarra und Gouverneur von Pamplona, in schimmernder Rüstung entgegen. Im «Ball» von 1964 ist eine Dixhuitième-Welt in einen Puppentheaterautomaten gebannt, dessen Meister vor einer Flusslandschaft sitzt, die an das Jugendparadies Bremgarten gemahnt. Theaterfiguren, Puppen, Mannequins erscheinen als Träger der Verwandlung. Ricco malte Pferde in mannigfacher Gestalt, im Übergang zwischen Künstlichkeit und Natur, auch geschnitzte und solche von Karussels, und Vehikel, Räderwerk überhaupt. Auf dem Bild «Il est Midi, Docteur Tinguely» arbeitet dieser an der grossen Heureka, die heute am Zürichhorn steht. Ein von Blut, Waffen und mechanischen Figuren erfülltes Bild ist als Hommage an Niki de Saint-Phalle gemalt. Moderne Technik und dringlicher Vorrat einer mitunter biedermeierlichen Überlieferung haben in der Phantasie des Künstlers wie seiner Modelle, die erwartungsbang an der Schwelle zum Leben stehen, nebeneinander Platz, werden in altmeisterlich minutiöser Malerei, manchmal wie gläsern oder in jäh aufleuchtenden Farben, auf die Leinwand gebannt. In «Maler und Modell» zeigt Ricco 1957 sich selbst, im Malen innehaltend, während aus einem lebensgrossen Bild im Rücken die Hand eines gemalten Harlekins sich ihm wie beschwichtigend auf die Schulter legt: ergreifend selbsterfüllend erträumt er sich Wirklichkeit! Immer wieder gibt es das Bild im Bild, Traum und Wirklichkeit gehen ineinander über, ja ineinander ein. Eines seiner Gemälde heisst «Georges»: dieser sitzt als Modell in offener Landschaft auf einem Stuhl, auf den Knien hält er vor sich das eigene Konterfei, das ihn verdeckt, statt ihn sieht man in der oberen Hälfte das Bild. Effekte, wie sie Paul Delvaux und René Magritte gefunden, werden angewendet auf Riccos eigene Szenerie, ja auch Surrealistisches prägt seine Traumwelt mit einer lautlosen Melancholie. Indem er sie darstellte, gelangte er zu kurzen Erfüllungen, aus denen das Ungenügen am selbstgeschaffenen Gebilde ihn immer wieder zu neuer Gestaltung trieb. Bei allem Fernweh haben Riccos Bilder etwas Hermetisch-Geschlossenes. Es sind Botschaften einer klaglos ertragenen Einsamkeit.

Biographie

Erich Wassmer wird 1915 in Basel geboren, er ist Bürger von Aarau. Seit 1918 wächst er im Schloss Bremgarten bei Bern auf. Im Hause seiner Eltern Max und Tilli Wassmer-Zurlinden verkehren zahlreiche Künstler, vor allem Louis Moilliet, Paul Basilius Barth, Alexandre Blanchet, Eugène Martin, René Auberjonois, Hermann Hubacher, der Komponist und Musiker Othmar Schoeck sowie der Dichter Hermann Hesse, der die Atmosphäre auf Schloss Bremgarten in seiner «Morgenlandfahrt» beschrieben hat. Der Industrielle Max Wassmer war ein Mäzen und seine Sammlung, in der er sich auf zeitgenössische Schweizer Künstler konzentrierte, eine der wichtigsten in Bern.

Nach der Matura 1935 in Bern studiert Erich Wassmer im Wintersemester 1935/36 in München Kunstgeschichte (u. a. bei Wilhelm Pinder), vor allem aber Malerei bei Julius Hüther. Seither führt er einen Œuvre-Katalog, den er mit zwei Jugendwerken von 1931 beginnen lässt (der Katalog, ein Foto-Album mit handschriftlichen Datierungen und Besitzangaben, endet mit Werken von 1943; Folgebände existieren nicht). 1936 Rekrutenschule, anschliessend besucht er bis 1939 die Académie Ranson, Paris (u. a. bei Roger Bissière), daneben entstehen freie Arbeiten im eigenen Atelier. Seit 1937 beteiligt er sich an den Weihnachtsausstellungen der Berner Künstler in der Kunsthalle Bern. In dieser Zeit ersetzt er die bis anhin gesetzte Signatur E. W. durch Ricco. Während des zweiten Weltkrieges absolviert er seine militärischen Dienstpflichten, daneben besucht er Vorlesungen an der Universität Bern. 1942 arbeitet er in den Frühlings- und Sommermonaten bei Cuno Amiet auf der Oschwand, 1943 besucht er in Bern Kurse bei Max von Mühlenen. Bis 1946 lebt und arbeitet Ricco in Bremgarten und zeitweise in der «Einsiedelei», einem Haus in Oberramsern SO, das er 1942 mit einem Freund bezogen und eingerichtet hat. 1945 kauft er eine Segeljacht, die in Morges auf dem Genfersee stationiert ist; bis im Oktober dieses Jahres wohnt er oft darauf. Nach einer kürzeren Segelreise in Südfrankreich verkaufte er 1947 sein Schiff in Tanger. 1948 reist Ricco für sechs Monate nach Tahiti, anschliessend als Seemann – erst als paying guest, dann als Küchengehilfe auf einem Frachter – von Hawaii nach Bombay, Arabien, Sizilien, Japan, Kanada und zurück. Seither ergänzt er seine Signatur oft mit dem Anker.

1950 lebt Ricco während sechs Monaten in Cannes, anschliessend lässt er sich auf Schloss Bompré in Barberier in der Nähe von Vichy nieder. Im Rahmen der Weihnachtsausstellung 1955/56 wird Ricco für das Bild «Jean du Carrousel» mit dem Berner Kunstpreis ausgezeichnet. 1958 kommt es zur Ausführung seines einzigen öffentlichen Auftrages: Ricco malt für den Pavillon de la mission protestante du Congo Belge an der Weltausstellung in Brüssel ein Riesengemälde (2,5 x 17 m; Öl auf Leinwand) mit dem Titel «Lac de Tanganica». 1962 Reise nach Tunis. 1963 Übersiedlung in die Schweiz, er bezieht ein Schlösschen – eher ein herrschaftliches Manoir – im Waadtländer Dörfchen Ropraz. 1966 Reise nach Thailand, Malaysia und Ceylon. Im Herbst 1969 Ausstellung in der Kunsthalle Bern, gemeinsam mit Maurits Cornelis Escher. Im gleichen Jahr erscheint, von Freunden herausgegeben und von Max Altorfer eingeleitet, das Buch «Ricco». Der Œuvre-Katalog im Anhang dieses Buches sowie die Werkliste im Katalog der Berner Kunsthalle verzeichnen die letzten Werke des Künstlers. Ricco verbringt seine letzten beiden Lebensjahre schwer krank in Ropraz; es existiert kein Gemälde mit Datum 1970 oder später. Der Œuvre-Katalog führt 326 Nummern auf, er ist aber unvollständig. Das Gesamtwerk des Malers dürfte gegen 500 Gemälde umfassen, davon sind einige verschollen.

1971 dreht Anton Grieb den Kurzfilm «Der Vogel Fleming», zu dem Ricco das Drehbuch verfasst hat und in dem er die Rolle des Erzählers spielt: Der Film ist auch ein Dokument über den Menschen Ricco und seine Welt geworden.
Ricco stirbt 1972 in Ropraz.

Schloss Bremgarten
(Fotograf unbekannt)

Beim Bocciaspiel,
Schloss Bremgarten
1937: von links
Moillet, Schoek, Ricco,
E. Martin, Blanchet,
Hubacher.
(Fotograf unbekannt;
Dokumentations-
Bibliothek Walter
Labhart, Endingen/AG

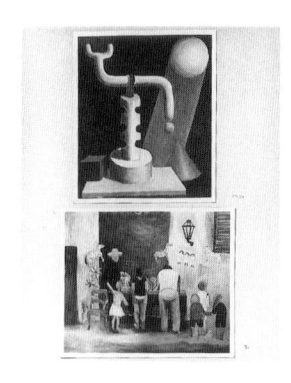

Die erste Seite aus
Riccos Œuvre-Katalog
mit Werken von 1931.

Um 1946
(Fotograf unbekannt)

1948 zwischen Hawaii
und Bombay
(Fotograf unbekannt)

1948 auf Tahiti

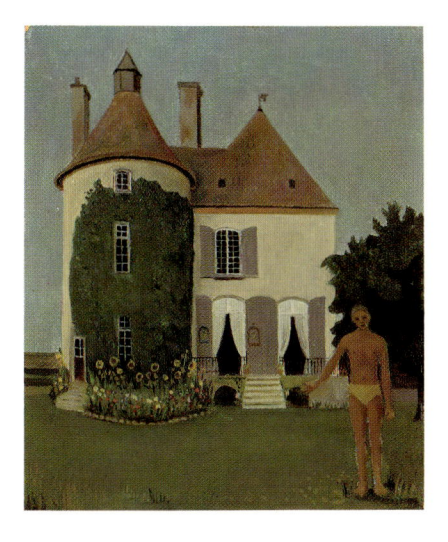

Schloss Bompré. Um 1952
23,5 x 19,5 cm
Familie Martz

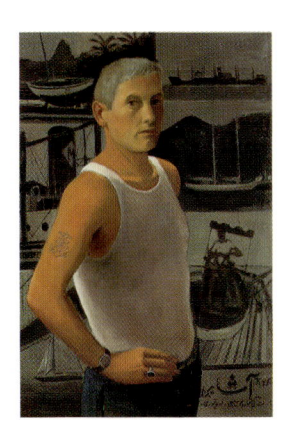

Château de Bompré
in Barberier

Um 1970 in Ropraz,
hinter Karl Geisers Entwurf
zum David
(Foto: Toni Grieb, Montet-
Cudrefin)

Selbstbildnis. Um 1960
73 x 50 cm
M. W., Goldach

Um 1958
(Fotograf unbekannt)

141

Wichtige Ausstellungen und Literatur

1937 Erste und seither regelmässige Beteiligung an der Weihnachtsausstellung bernischer Maler und Bildhauer
1941, 1946, 1951, 1956 Schweizerische Nationale Kunstausstellung
1942/43 Junge Schweiz, Kunsthaus Zürich
1944 Galerie Chez Cina, Bern
1945 Junge Berner Künstler, Kunsthalle Bern
1947 Buchhandlung Lüthy, Solothurn
1947 Turnusausstellung, Schweizerischer Kunstverein, Kunstmuseum Bern
1948 Buchhandlung zum Elsässer, Zürich
1951 Galerie L.-G. Baugin, Paris (Faltblatt)
1952 Galerie Cambacérès, Paris (Faltblatt)
1952 Galerie Chichio Haller, Zürich
1953 Hurni, Schwarzenbach, Ricco, Kunsthalle Bern (Katalog)
1955 9 Berner Maler, Kunsthalle Basel (Katalog)
1958 Galerie Riehentor, Basel
1958 Galerie Verena Müller, Bern
1960 Kunstsalon Wolfsberg, Zürich
1961 Der Surrealismus und verwandte Strömungen in der Schweiz, Städtische Kunstsammlung, Thun (Katalog)
1964 Galerie Auriga, Bern
1969 Ricco, M. C. Escher, Kunsthalle Bern (Katalog)
1976 Tatort Bern, Museum Bochum (Katalog)
1984 Das Prinzip Hoffnung. Aspekte der Utopie in der Kunst und Kultur des 20. Jahrhunderts, Museum Bochum (Katalog)
1986 Mit erweitertem Auge – Berner Künstler und die Fotografie, Kunstmuseum Bern (Katalog)
1988 Ricco 1915–1972, Aargauer Kunsthaus, Aarau (Katalog)

Literatur
(siehe Kataloghinweise bei den Ausstellungen)

Künstler-Lexikon der Schweiz, XX. Jahrhundert, redigiert von Eduard Plüss und Hans Christof von Tavel, Bd. 2, Frauenfeld 1963 – 1967, S. 771/772

Ricco, Buri Druck, Bern 1969 (mit einer Einführung von Max Altorfer und verschiedenen Ausstellungsbesprechungen sowie mit dem ausgewählten Œuvre-Katalog des Künstlers)

Michael Stettler, Erinnerungen an Ricco (Nekrolog), in: «Der Bund», Nr. 98 (27. April) 1972, S. 39

Tatort Bern, herausgegeben von Urs Dickerhof und Bernhard Giger, Bern 1976

Michael Stettler, Erinnerung an Ricco, in: ders.: Ortsbühler Skizzenbuch. Autobiographisches, Bern 1982, S. 209–215

Marcel Baumgartner, L'Art pour l'Aare. Bernische Kunst im 20. Jahrhundert, Bern 1984.

Die Reklame. 1958
65 x 92 cm
PB Ennetbaden